ENTRE O MITO E O MÚSCULO
DANÇA DOS ORIXÁS E CADEIAS GDS

Editora Appris Ltda.
1.ª Edição - Copyright© 2019 dos autores
Direitos de Edição Reservados à Editora Appris Ltda.

Catalogação na Fonte
Elaborado por: Josefina A. S. Guedes
Bibliotecária CRB 9/870

	Bastos, Wanja
B327e	Entre o mito e o músculo: dança dos orixás e cadeias GDS / Wanja Bastos.
2019	1. ed. – Curitiba : Appris, 2019.
	267 p. ; 23 cm
	Inclui bibliografias
	ISBN 978-85-473-4044-5
	1. Orixás. 2. Exercícios físicos. 3. Corpo humano. I. Título. II. Série.
	CDD – 299.673

Livro de acordo com a normalização técnica da ABNT

Appris editora

Editora e Livraria Appris Ltda.
Av. Manoel Ribas, 2265 – Mercês
Curitiba/PR – CEP: 80810-002
Tel. (41) 3156 - 4731
www.editoraappris.com.br

Printed in Brazil
Impresso no Brasil

Wanja Bastos

ENTRE O MITO E O MÚSCULO

DANÇA DOS ORIXÁS E CADEIAS GDS

Aos que me iniciaram nesta linguagem:

minha família,

Mercedes Baptista e Charles Nelson,

Godelieve Denys-Struyf e Ivaldo Bertazzo.

AGRADECIMENTOS

Sou grata a todos os encontros que tive na vida, eles me ajudaram a traçar este livro – *Entre Mitos e Músculos*.

Aos meus *quindins*, Cris Campos, Cristina Helena Melo, Estela Menezes, Henriqueta Lindenberg, Isis Barbosa, Márcio Miranda, Marco Carvalho, Maria José Resende, Patrícia Ferreira, Sarita, Rui Barana e Victor Lobisomem, um dengo azeitado no dendê.

APRESENTAÇÃO 1

Inicio este texto com saudações aos Orixás relacionados a cada cadeia muscular GDS e ao mesmo tempo peço permissão a essas entidades para participar da presente obra.

Exu: Laroyê Exu!

Ogum: Ogunhê!

Obaluaê: Atotô Obaluaê!

Xangô: Kao Kabiesilê!

Iansã: Epahey Oyá!

Oxum: Ora ye ye ô!

Oxumaré: Arroboboi!

A primeira palavra que me vem à mente em relação ao trabalho de Wanja Bastos, *Entre o mito e o músculo,* é encantamento. A autora nos cativa pela intimidade que estabelece com o leitor/a leitora. Tem-se a impressão de que ela nos pega pelas mãos e nos conduz por caminhos misteriosos, sempre trazendo luz e entendimento aos diversos temas que são profundos e complexos.

O corpo humano, no seu aspecto psicomotor, postural e expressivo, observado a partir do método GDS, é claramente apresentado tanto para nós especialistas quanto para o leigo. As imagens e os exercícios corporais propostos ao longo do livro facilitam a compreensão dos conceitos. Não há como ler este livro sem sentir mudanças na própria postura.

O universo mitológico dos Orixás leva-nos para o campo do simbólico e do sobrenatural. Pessoalmente, algo novo para mim, novo e fascinante! Mesmo sendo brasileiro e amante da nossa cultura, só conhecia o candomblé por meio da música popular, das imagens fotográficas de Pierre Verger, da pintura de mestres como Carybé, Rubem Valentim e claro, dos romances de Jorge Amado. Porém, nunca antes havia me aprofundado no tema. Aprendi muito com a leitura e com a forma delicada e respeitosa como Wanja relaciona-se com esses conhecimentos que vêm, desde sua infância, no seio de sua família.

Sim, a viagem proposta inclui memórias de sua história pessoal, sua avó, seus pais e os rituais da família profundamente ligada à Umbanda e mais tarde de sua relação com a dança dos Orixás e com os ensinamentos da grande professora Mercedes Baptista. A dança ocupa um espaço importante no livro, criando o elo que integra o corpo e a postura, a espiritualidade e a mitologia.

Acredito que este livro traz uma grande contribuição para os educadores físicos, fisioterapeutas, bailarinos, professores e interessados pela cultura brasileira, por nossas raízes e heranças ancestrais. Penso também que abre portas para o entendimento do corpo humano e de sua relação com os símbolos, excelente para quem deseja iniciar-se em novos conhecimentos, fundamental para nossos alunos e pacientes.

André Trindade

Psicólogo (PUC-SP), psicomotricista, formado pelo Centro de Cadeias Musculares e articulares GDS- Bélgica. Autor dos livros Gestos de cuidado, gestos de amor e Mapas do corpo (Summus editora)

APRESENTAÇÃO 2

Uma das grandes codificações místicas de muitas tradições tem sua concentração na força dos "traçados". Conhecidos como símbolos, pontos riscados, pantáculos etc., que espelham entre nós energias emanadas e dirigidas de muitos outros planos. Esses, na minha tradição chamamos "traçados". Orixás, encantados, místicos, cristãos, druidas, magos orientais, ciganos, cabalistas, *reikianos*; todos têm seus traçados e por meio deles seguem e aprimoram sistemas que nos aproximam de saberes e seres que nos auxiliam e nos conduzem em nossas práticas.

O Trabalho de Wanja reporta-me à figura do mago, que diante de sua fogueira na Lua Nova, vislumbra mais um anel entre sistemas existentes dentro de nós, com conhecimentos milenares adormecidos e despertos no momento certo para cada um que se propõe a contribuir com o aprimoramento humano e transcendente.

É bonito, emociona-me. É correto. Músculos, ossos, vísceras, nervos, pele e linfa formam uma dinâmica muito singular, particular de cada indivíduo, de cada orixá. Essa leitura nos cabe, ao tentarmos entender a natureza presente de cada ancestral em um filho de santo. GDS também é um sistema de "traçados". A leveza como é tratado o tema me encanta. A percepção da nossa "estória" e do nosso cotidiano traz também os traçados estabelecidos nos encontros e nas experiências vividas interpessoais – quem cruza é Exu. Ninguém recebe uma informação ou vivência por acaso.

Entre o Mito e o Músculo é o resultado de estudo, trabalho e gana. Mas também do lampejo interno capaz de enxergar outra engrenagem numa máquina aparentemente já vista. A leitura dos traços, como diz a autora, iluminou o portal das conexões, e ela entrou, olhou, viu, entendeu e trouxe até nós, no seu retorno, este saber, já escrito costurado e traçado. Obrigada.

Que todos os orixás te abençoem!
Axé!

Mãe Carmem de Ogum

Dezembro de 2018

APRESENTAÇÃO 3

Experiências potentes de vida, memórias do corpo alegre da dança – Pires, Ijexá! Traços são para iniciados. O convite para apresentar este livro tomou-me de fortes emoções e tornou este texto um desafio, seja pela memória pessoal como parte desta história, pelo envolvimento com a autora, com Charles Nelson e suas aulas, e com as vivências na Cia de Dança Olubajé, nos idos da década de 1990, pelos muitos territórios do município, da região metropolitana do Rio de Janeiro, e pelas amizades e afetos que se fortalecem ao longo de nossas vidas. Apresentar este livro é uma grande satisfação e tem muitos significados, deterei-me em introduzi-lo de modo geral, aprofundando-me no que diz respeito ao ineditismo das relações que se estabelecem entre conhecimento científico e conhecimento ancestral, na cadência da escrita *Entre o mito e o músculo*.

O corpo na leitura da autora Wanja Bastos, bailarina e professora de Educação Física, sobre o método das cadeias musculares (GDS), criado pela fisioterapeuta e desenhista belga Godelieve Denys-Struyf, na década de 1970, deve ser compreendido a partir de um ponto de vista relacional; não podemos tomá-lo apenas como objeto de estudos de uma área científica, esquadrinhado, dividido para análise da racionalidade ocidental. As relações desenvolvidas entre o conhecimento da fisiologia e o conhecimento dos movimentos dos orixás ultrapassam as fronteiras da linguagem científica, conduzindo-nos a uma compreensão facilitada do método e a uma aproximação do universo mítico das religiões de matriz africana no Brasil.

Nas mitologias, os mitos explicam o Cosmos. Cosmos é o Caos em ordem – a distribuição das partes e a inter-relação entre elas que estabiliza o conjunto. Nesse sentido, podemos pensar as culturas como microcosmos, que se organizam a partir de suas matrizes. Neste livro, a autora cruza fronteiras culturais propondo uma abordagem que relaciona a matriz ocidental (biomecânica, método GDS) e a matriz africana (dança dos orixás) na interpretação dos corpos e dos movimentos para uma atividade terapêutica corporal.

O corpo como organismo individual também é um microcosmo que precisa ser compreendido em sua totalidade, nas suas dimensões fisiológica, psíquica, afetiva, emocional e cultural; e é justamente a essa experiência que este livro convida-nos em cada "ditado do corpo", proposto nos capítulos em que se desenvolvem as relações entre os mitos dos orixás e as cadeias musculares do Método GDS.

A narrativa mítica dos orixás, que se pronuncia por meio do corpo, revela intenções, gestos, memórias, sentimentos, experiências, afetos e uma infinidade de relações vitais que se expressam em cada movimento. Um corpo saudável é um corpo em ação e equilíbrio; não há, nesse sentido, um padrão físico a ser seguido, mas um equilíbrio de forças que se inter-relacionam nos movimentos, e no modo de ser e estar no mundo.

Entre o mito e o músculo chega ao leitor como um convite à compreensão do método GDS, por meio dos mitos e das danças dos orixás/inquices/voduns dos candomblés; e o exercício desta apresentação é entender as vias pelas quais os elementos da dança religiosa do culto são traduzidos em elementos artísticos e do campo da saúde.

A dança dos orixás, que compõe a modalidade de dança afro--brasileira, é um conjunto de movimentos conduzidos pelos ritmos dos atabaques, esse repertório de movimentos e ritmos faz um retorno simbólico às origens sagradas do candomblé; e é recriada como expressão artística, coreográfica.

A dança afro-brasileira ou balé afro-brasileiro teve seu início como uma modalidade de dança no Brasil, na década de 1950, com o trabalho da bailarina e coreógrafa Mercedes Baptista (20/05/1921-19/08/2014), que desenvolveu um método específico, voltado ao desenvolvimento físico do bailarino para execução e criação de movimentos coreográficos baseados nas danças populares brasileiras, com destaque nas de matriz africana. "Eu inventei ouvindo o ritmo dos orixás e os movimentos do candomblé, que mal frequentava, mas passei a pesquisar"[1].

---

[1] Documentário *Balé de Pé no Chão*. Direção de Lilian Santiago e Marianna Monteiro. São Paulo: Rede SescSenac de Televisão, (51 min.), son., color.

Mediante a fusão entre a técnica clássica, a moderna e os passos dos bailados populares de matriz africana, Mercedes Baptista elaborou os fundamentos dos movimentos e dos ritmos na Dança Afro-brasileira, legitimando a inserção da dança afro e de elementos das culturas de matriz africana na história da dança no Brasil.

Na dança afro o corpo do bailarino, sujeito conhecedor das possibilidades estéticas do movimento, é capaz de recriar e exprimir em linguagem artística, a partir dos gestos, das intenções, das expressões e dos sentimentos, o fundamento das danças sagradas dos orixás. A memória mítica dos orixás, traduzida na linguagem artística da dança afro, torna-se história e se expande na afirmação das origens africanas das culturas brasileiras.

Essa memória mítica serve como base para compreensão das relações propostas neste livro por Wanja Bastos, em sua interpretação das cadeias musculares do método GDS relacionadas aos movimentos das danças dos orixás. *Entre o mito e o músculo* desenvolve uma leitura do corpo, por meio das cadeias musculares e dos mitos, entendendo que cada corpo guarda em sua ancestralidade um equilíbrio natural; a relação entre as cadeias atua, a partir do método GDS, na busca desse equilíbrio do corpo no fluxo dos movimentos.

A cadência que se mantém nas relações estabelecidas entre mitos afro-brasileiros e cadeias musculares, em cada capítulo deste livro, por meio de cada orixá, leva-nos à compreensão do entendimento corporal, dos objetivos e da aplicação do método GDS, mediante a análise ritmada da fisiologia, dos movimentos corporais e do fluxo das ondas.

Vila Velha, janeiro de 2019.

Prof.ª Dr.ª Aissa Afonso Guimarães

Universidade Federal do Espírito Santo

PPGA/CAR/NEAB/UFES

SUMÁRIO

TRAÇOS SÃO PARA INICIADOS 19

O QUE É TRAÇO? 23

APRENDENDO A LER TRAÇOS 27

LA EM CASA ATÉ OS ORIXÁS ERAM BRANCOS 33

ACHEI O MEU UMBIGO NA DANÇA AFRO 37

APRENDENDO A LER SACROS 47

MITOS E MÚSCULOS 59

EXU E CADEIA ANTEROPOSTERIOR (AP) 75

OGUM E CADEIAS POSTEROMEDIANAS (PM) 99

OBALUAÊ E CADEIAS ANTEROMEDIANAS (AM) 121

XANGÔ E CADEIAS POSTEROANTERIORES (PA) 149

IANSÃ E CADEIAS POSTEROLATERAIS (PL) 175

OXUM E CADEIAS ANTEROLATERAIS (AL) 195

OXUMARÊ E O EQUILÍBRIO ENTRE AS CADEIAS 215

A PRÓXIMA ONDA 251

ANCESTRALIDADE, MERCEDES E GODELIEVE 255

REFERÊNCIAS 263

TRAÇOS SÃO PARA INICIADOS

"Esta noite eu escutei a campainha tocar". Qualquer um que dissesse essa frase lá em casa, todos da família não teriam a menor dúvida do que estávamos falando e eu, por exemplo, gelava! Dito e feito, lá vinha notícia ruim. E se durante o dia batessem à porta e não tivesse viva alma do lado de fora, respondíamos com objetividade – não é aqui!

"Pires, Ijexá!" Como as aulas de dança eram quentes e intensas, quando o professor pedia para o percussionista o toque de ijexá, eu que já estava ensopada e exausta, recebia aquilo como uma música calma para meus ouvidos. Em outras palavras, eu entendia algo mais ou menos assim: agora vamos dançar em um "ritmo" mais sereno para todo mundo respirar fundo e descansar um pouco as pernas.

Durante uma avaliação postural, perguntamos aos alunos se já foram vítimas de algum acidente ou trauma. Talvez eles não entendam a pergunta, mas para o Método GDS, quando alguém sofre uma lesão ou um choque emocional, o corpo tende a criar defesas e certos músculos reagem fazendo fortes contrações como forma de proteção.

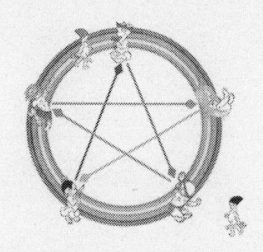

O QUE É TRAÇO[2]?

Chamo de traço tudo aquilo que tem significado para um grupo ou alguém, por exemplo, palavras, cheiros, cores, sons, gestos: uma linguagem. Tudo tem significados para a vida das pessoas, têm cheiros que me lembram amigos ou situações; a palavra barca me leva para as ruas de Paquetá, A cor branca é obrigatória no rito fúnebre do candomblé, o *axexê*, pois tem o significado de passagem para um novo céu. Já nos rituais fúnebres católicos, o preto é usado como sinal de perda e profunda tristeza.

Os códigos/traços variam segundo várias condições. O que eu chamo de *ler traços* é mais do que ler palavras, pois para essa leitura é fundamental que conhecimentos acumulados ao longo da vida sejam somados à capacidade de nos concentrarmos em algo, mas de maneira "distraída". É estranho mesmo, porque não vou falar de inteligência racional pura e simples, mas de sensibilidade, da impressão que temos das coisas do mundo. "Tive uma impressão muito boa dele." Pronto, essa frase é um bom exemplo de alguém que lê traços. Mas de onde vem essa forma de conhecimento? É divina, é mágica? Pode ser também, mas ela vem de tudo o que você aprendeu e ficou guardado na memória, inclusive, na memória corporal. Eu não estou dizendo que as impressões estão sempre certas, apenas que devemos levar em consideração as intuições como mais um tipo de informação para o nosso raciocínio, tam-

---

[2] Traço – é algo que ao ser interpretado ganha um mundo de sentidos. Santaella afirma que "o signo é coisa que representa uma outra coisa: seu objeto. Ele só pode funcionar como signo se carregar esse poder de representar, substituir uma coisa diferente dele." (p. 90). Numa comunicação, um objeto pode ser representado por vários traços e para além dos significados dados pelo dicionário, pois estamos sempre criando sentindo para as coisas do mundo. No entanto, compartilhar os sentidos criados por determinados grupos é preciso iniciação, por isso, ler traços é coisa para iniciados.

bém, avaliar. Ler traços amplia a nossa linguagem, pois muito mais coisas fazem sentido na vida.

Quando os recém-nascidos se comunicam, somente as emoções e os movimentos são os traços que eles podem reconhecer e lançar para as outras pessoas (período sensório motor): mamar, sentir dor, dormir, olhar, tocar, cheirar, ouvir, excretar. Essas primeiras ações são realizadas de maneira simples, sem grandes elaborações do sistema nervoso, mas aos poucos, com o constante desenvolvimento do bebê, os movimentos e as emoções se organizam e ele começa a gerar ações voluntárias sobre o ambiente É incrível perceber como os estímulos vão sendo mais compreendidos, à medida que a criança amplia a comunicação com o mundo. É a comunicação com o outro que permite o desenvolvimento da pessoa.

Ainda guria, eu ficava imaginando como aquele ser humano, que nem conhecia as palavras, devia estranhar a reação da mãe que contrariava seus desejos, balançava a cabeça e emitia um som: "NÃO!". Estranho aquilo! Mais tarde, no desenho animado do Snoopy, me dobrei de tanto rir ao ouvir os adultos falando como se tivessem um ovo na boca, *bloabloabloá*... Era assim que os bebês entendiam os adultos, como sofremos para crescer e, claro, envelhecer! Isso mesmo, porque a vida toda, desde que somos gerados na barriga das nossas mães até o seu fim, temos que aprender a traduzir os *bloabloabloás* (linguagem) que chegam em forma de novidades.

Voltando às crianças! Com o passar do tempo, esses serezinhos vão conhecendo as palavras (faladas e escritas) e uma rede de códigos/traços é formada permitindo que a comunicação verbal aconteça e, de repente, o mundo fica grande pra caramba. Agora, longe do tal período sensório-motor, a criança começa a usar cada vez mais os símbolos para se relacionar (letras são símbolos), diminuindo assim as semelhanças entre os bebês humanos e os filhotes das outras espécies, também capazes de ler traços, embora menos simbólicos. À medida que nos afastamos do instinto e ganhamos o pensamento racional, entramos no mundo da cultura. É a comunicação por meio dos símbolos, criando linguagens específicas, que nos distancia dos outros animais[3].

A capacidade de ler traços, então, possibilita-nos acreditar no corpo e na razão, pois quando temos alguma sensação, é o corpo que capta a informação para só depois analisarmos o que aconteceu. É comum chamarmos essa sensação de intuição[4]. Conhecer o mundo "através" de um raio de informação, de uma sensação que chegou de repente, **é** uma etapa da leitura de traços. Para ler traços é necessário razão e sensibilidade.

Enfim, nos últimos 200 anos, com a dominância da ciência e o seu pensamento – absolutamente – lógico, ler traços se tornou um exercício raro na hora de conhecer o mundo. No entanto, cada vez mais acredito que, além da razão, precisamos confiar nas sensações do corpo ao realizar qualquer leitura que fazemos. Como nas etapas do desenvolvimento humano, a primeira comunicação é decorrente do corpo, de como afetamos e somos afetados. Apenas mais tarde é que aprendermos a raciocinar por intermédio dos símbolos criados pela cultura. Mas a leitura de traços demanda uma iniciação específica, pois precisamos de pessoas que nos estimulem a retornar ao corpo como um admirador de códigos, pois a sociedade já faz a sua parte nos cobrando coerência e atitudes razoáveis.[5]

Para realizar este livro precisei de três processos de iniciação. O primeiro se desenvolve no espaço familiar, com as figuras de dona Iracema e seu Francisco. O segundo foi com a arte, quando a dança deixou de ser religiosa e ganhou as salas das escolas de dança, passando a atender, cada vez mais as necessidades expressivas. O

---

[3] Trindade (2007; 2016) aborda de maneira cuidadosa as inúmeras fases do desenvolvimento infantil.

[4] Chamo de intuição um tipo de conhecimento que acontece no presente, é sensorial, não passa por uma análise ou interpretação, no entanto, momentos depois, ela acessa a bagagem dos saberes. Essa forma de conhecer o mundo acontece quando somos afetados por algo, ou seja, quando passamos por uma experiência (BONDÍA, 2002). E a experiência exige percepção, o que a torna diferente de uma simples prática física. O tempo é outro elemento necessário para que a pessoa perceba (no corpo) o estímulo. Esse tema é extenso, mas é fundamental que se entenda que a intuição desperta para algo novo, ela está envolvida com o que Gumbrecht (2010) definiu como "Produção de Presença".

[5] Sodré (2006) explica o sensível como um elemento essencial para o conhecimento e a comunicação.

terceiro, o Método GDS, associou a sensibilidade à ciência, quando pude misturar palavras como, orixás, arte, comportamento, flexão, extensão e sacro; para explicar o movimento humano.

Entre o Mito e o Músculo: Dança dos Orixás e Cadeias GDS fala sobre os interessantes resultados das combinações entre orixás e biomecânica, que se encontram e ganham uma linguagem mais leve para leitores não iniciados e curiosos. Para os muito curiosos ainda é oferecido breves notas sobre os assuntos abordados.

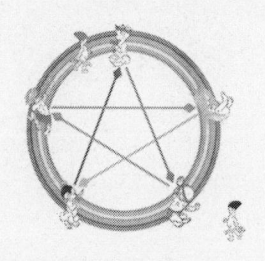

APRENDENDO A LER TRAÇOS

Este é um livro que fala sobre a leitura de traços, porque as palavras explicam muitas coisas, mas a bem da verdade, é o bom entendedor que faz do pingo uma letra. Ainda hoje na minha casa, lugar onde bons entendedores entram e saem a toda hora, ler traços traçados, ou não, faz parte do nosso dia a dia. Desde a infância, a minha avó materna perguntava para os netos que ela cuidava enquanto os pais trabalhavam: *OLHA BEM PRA MINHA CARA E VÊ SE ESTOU GOSTANDO!* Os netos apavorados com a pergunta-mensagem já sabiam que dona Iracema não estava gostando nada, nada do que andávamos aprontando.

A Mãe de Santo, filha de Xangô e Oxum, era uma mulher simples e elegante! Para a criançada, dona Iracema parecia ser alta à beça e sempre a levar a vida a toque de caixa, tinha olhos azuis e uma pele branquinha, igual a leite. Nas fotos de álbum de família, a imagem da mulher de coluna reta, nariz fino, sobrancelhas cerradas e em nada simpática podia ser confundida com a de uma professora de piano clássico ou inspetora de colégio de menino. Terrivelmente dramática, quando alguém fazia uma pergunta e ela achava aquilo uma bobagem do tamanho do universo – sim, Ira não era de dimensões medianas, ou a coisa existia do tamanho do universo, ou não – as respostas vinham como um raio: *VAI VER SE ESTOU NA ESQUINA DE CHAPÉU ABERTO!*, ou ainda, *PODE TIRAR O SEU CAVALINHO DA CHUVA!* Ah, o apelido Ira só nasceu anos depois da sua morte, inventei como forma de brincar de dar uns cascudos no meu sobrinho, João Victor; ela mesma não acharia graça alguma nesse nome.

Dona Iracema também costurava, tanto que, até uns 11 anos, não me lembro de ter saído para comprar roupas; ela fazia tudo para mim, mas isso tinha um preço. Acho que já deu para ver que paciência não era uma qualidade abundante da minha avó, então, no dia de prova dos vestidinhos os alfinetes sabiam o que fazer, sim, espetar criança! Eu ficava em pânico, pulava com cada alfinetada, o que só piorava a situação. Para tentar me aquietar ela primeiro me sacudia, e nada da criança sossegar, aí era certo, lá ia um cascudo! A carinhosa brincadeira de *dar Ira* no João, quando ele foge e eu corro atrás da criatura, veio de um desdobramento do ódio que eu sentia daqueles não tão raros momentos de cascudo. Ah, teria ainda muito a falar dela, dos bolinhos de carne deliciosos e os de fígado nem tanto assim, dos acarajés que ela fazia para o meu orixá, dos pavês que ela inventava aos domingos... Minha avó não era de fazer denguices, mas eu sempre entendi as estranhas formas de amor dela, criança entende bem do não dito.

O vô Chiquinho, marido de Cema (ele só chamava a esposa assim) era filho de Nanã, pois me lembro de uma *guia* (cordão) dele, na cor lilás. Vovô ficava sempre na dele, boa praça mesmo, adorava brincar com os netos e tomar umas cervejinhas de vez em quando. Como gostava de encantar a gurizada com as parlendas, principalmente nos dias de chuva: *pé de pilão carne seca com feijão!*. Mas ele tinha uma ripa que marcava a perna dos mais claros e me fazia chorar por um tempo longo, típico de *manteiga derretida*. A vovó batia mais nos netos, até com pantufas, mas nas poucas vezes que seu Francisco resolvia sair da sua calma de costume, era a ripa que cantava.

Durante seus dias, esse operário aposentado mantinha uma relação de amizade com o papel e a caneta, como veremos, por motivos completamente diferentes. Nas primeiras segundas-feiras, durante a tarde, ele escrevia as preces da sessão das almas que começava às 20 horas. Era o próprio que realizava a leitura, a voz do nosso avô era bonita, forte e cheia de amorosidade, como eu ficava encantada com aquela abertura da *gira* (reunião religiosa). Sempre achei que a voz do vovô Chiquinho era de cantor de rádio. Nem dá para falar das cantorias trágicas que ele fazia para a sua plateia mirim, tinha a tal da Helena que não sabia quem era o pai do seu filhinho, a letra da música terminava assim: *Não é do papa, não é do frade, é do Chiquinho lá do Pará.* Os netos pediam – *Canta a música da Helena, vô!* Para sua plateia não tinha melhor cantor ou contador de histórias infantis que o nosso avô, à tarde, eu nem dormia, ele tinha que ir com as historinhas até o final, para desespero do velhinho que já estava caindo de sono.

O outro momento de parceria com a caneta e o papel está ligado ao jogo do bicho. Eu nunca entendi como ele era capaz de fazer enormes contas, com tantos números que pareciam não caber naquele papelzinho, e o Chico não errava na matemática. Talvez os jogadores entendam, tinha um número do resultado do jogo do bicho que dependia dessa incrível operação lógica. Nessa história do jogo, seu Francisco também participava como um tipo de anotador *privé* do bicho. Lá em casa havia uns bloquinhos com folha de carbono, em que os mais chegados e os da família faziam a fezinha. Ele não trabalhava no bicho, só ia ao bicheiro para carimbar e pagar as apostas daquela galera meio abusada, mas querida. Na verdade, dona Iracema é que era viciada no jogo do bicho, ele mesmo, era raro apostar. Nesse assunto, os dias de terror para os netos se davam quando ele ficava doente de cama, ninguém queria ir ao bicheiro, e o medo da polícia chegar na hora?! Eu era a escolhida na maior parte das vezes, ô sofrimento e injustiça com a criança!

Durante um ano, no período da ditadura, minha mãe recebeu a orientação de uma entidade, a Maria Padilha, para morarmos com os avós. Meu pai era do Partido Comunista e vivia na clan-destinidade, nunca estava em casa. Além disso, os conselhos da pomba-gira buscavam a proteção da minha mãe e dos dois filhos, pois, de repente, as garras dos milicos se aproximaram demais dela (diariamente tínhamos vigias na porta do prédio).

Figura 1 – Carnaval no Sumaré[6]

<hr />

[6] Acervo pessoal da autora.

Figura 2 – Avós e netos sob a lente de um fotógrafo de subúrbio[7]

      Chico e Cema moravam num apartamento no Conjunto Residencial IAPI da Penha, onde o Terreiro Caboclo Curupari também se assentava. Um lugar cheio de sons, danças, cheiros e cores, tudo relacionado à macumba, e só agora que eu entendo aquele apartamento 401 como uma rica fonte de informação, parecido com as casas que têm estantes cheinhas de livros. Demorei muito para entender como as outras famílias da década 70 se organizavam, porque lá em casa, além de não estar vivendo com meu pai, a comunicação acontecia de uma forma especial. Nem tudo era escrito ou lido, às vezes era sonhado, intuído, jogado nos búzios, até o copo do café dava palpite (para o jogo de bicho). Se por um lado me sentia meio burrinha por não ter recebido muitas informações dos livros e por não ter dado tanta importância aos conhecimentos da escola, por outro, ter sido uma criança que brincava com a

---

[7] *Idem.*

molecada na rua, amava a vida de todas as maneiras e em todos os momentos, me ajudou a ler também pingos e traços.

Figura 3 – Iracema e Francisco[8]

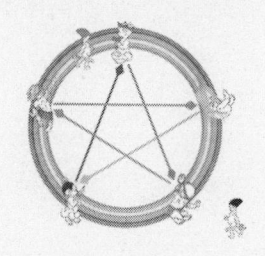

LA EM CASA ATÉ OS ORIXÁS ERAM BRANCOS

Entre as décadas de 60 e 80 do século passado, apesar de viver rodeada por orixás e rituais da cultura africana, o *gongá* (altar sagrado, em banto) da minha avó sempre foi repleto de santos brancos. Na umbanda é assim, os orixás são representados pelos santos da igreja católica que ficam todos arrumados e enfeitados, em uma mistura maravilhosa de religiões, mas capaz de confundir cabeça de criança. Se por um lado eu adorava um tambor e nem tinha feito a primeira comunhão (não fiz), por outro, admirava Santa Bárbara e gostava demais do Ogum Beira Mar, ele é que era forte, tinha uma roupa toda prateada e ficava de pé, um soldado medieval lindo mesmo! Nunca entendi porque São Jorge era o Ogum mais famoso. Ele fazia o maior sucesso nas casas dos meus amigos, com sua moldura oval e luzinha vermelha ou azul que iluminava o Santo Guerreiro e que me dava um pouco de medo. Estranho eu me assustar com essa imagem, eu até nasci no dia dele, mas depois eu conto essa história.

No *gongá* do terreiro da minha avó havia outras imagens que me deixavam sensibilizada. Caramba, eu olhava e sentia uma peninha de São Roque com aquela ferida e o cachorro do lado, coitado, ele devia ser tão só! Mas de todas, a que me impressionava, até nas igrejas, era a estátua de Jesus Cristo – como um homem tão novo, pálido, barbudo e cabeludo podia liderar todos aqueles santos? Outro mistério de encafifar criança.

A minha avó dizia que eu estava sempre inventando moda, pois é, mas também já deu para imaginar a mistura de cultura que acontecia naquele mundinho suburbano do apartamento 401, no IAPI da Penha.

Antes de continuar, como não o conheço e não sei se você sabe de umas histórias que aconteceram, no Brasil, nos anos de 1800, preciso contar. Vários cientistas e intelectuais defendiam o branqueamento[9] do povo brasileiro com a desculpa de melhorar as condições do país, por isso o forte incentivo de imigração europeia. É óbvio que essa conversa toda deixou marcas profundas no povo daqui, mas o pior é que o racismo com a ajuda da ciência acentuou as injustiças contra aqueles que não eram brancos. Enfim, o apartamento 401/terreiro Caboclo Curupari também apresentava certas marcas desse período. Lá, o Seu Francisco que era um negro de pele clara, não era visto nem como *mulato*, tanto que essa característica só aparecia abertamente nas recordações de Dona Iracema, quando atazanava o marido e falava para os netos que se arrependia do casamento. Era um drama danado, a ladainha começava com o primeiro encontro do meu bisavô com o genro. Ela contava – sempre – assim: *Quando meu pai viu o Chico, botou a mão na cara e disse – Um mulato!*. E ela não parava mais de falar sobre as possibilidades desperdiçadas com aquele casamento, e,

---

[9] Branqueamento é uma ideologia discriminadora, eugênica que exerceu inúmeras e profundas influências nas famílias brasileiras e, claro, nas giras de umbanda também. É importante ressaltar que os cientistas dos séculos XIX e início do XX contribuíram para tal discriminação. Observe os trechos retirados da apresentação – *Os métis ou mestiços do Brasil* – em 1911, do diretor do Museu Nacional, João Baptista de Lacerda, no Primeiro Congresso Universal de Raças, em Londres. As citações foram retiradas do livro de Skidmore (2012), Preto no Branco: raça e nacionalidade no pensamento brasileiro (1870-1930).
1."*Contrariamente à opinião de muitos escritores, o cruzamento do preto com o branco não produz geralmente progênie de qualidade intelectual inferior; se esses mestiços não são capazes de competir em outras qualidades com as raças mais fortes de origem ariana, se não tem instinto tão pronunciado de civilização quanto elas, é certo, no entanto que não podemos pôr o 'métis' ao nível das raças realmente inferiores*" (p. 112).
2."*A influência da seleção sexual* [...] *tende a neutralizar a do atavismo, e remove dos descendentes dos 'métis' todos os traços da raça negra.* [...] *Em virtude desse processo de redução étnica, é lógico esperar que no curso de mais um século os 'métis' tenham desaparecido do Brasil. Isso coincidirá com a extinção paralela da raça negra e nosso meio*" (SKIDMORE, 2012, p. 113)
º ideal de branqueamento criado pela elite brasileira foi um dos motivos para a imigração europeia, nos séculos passados e retrasado. Observe a evidente animação do especialista em história do direito, Oliveira Viana, ao comentar sobre o censo de 1920: "*Esse admirável movimento migratório não concorre apenas para aumentar, rapidamente, em nosso país, o coeficiente de massa ariana pura: mas também, cruzando-se com a população mestiça, contribui para elevar, com igual rapidez, o teor ariano do nosso sangue*" (SKIDMORE, 2012, p. 279).

por um tempo, eu fiquei horrorizada e indignada com a resignação dela, se não gostava do vovô, por que continuavam casados? (meus pais já eram separados). Ah, vai entender gente antiga! Mas como todo dramático se repete, então, depois da centésima vez, eu ouvia aquilo como mais uma história de antigamente, porque era engraçado demais o meu avô ser chamado de mulato. Só podia ser porque o *bisa* era um francês pobre, metido e muito branco e, então, ficava querendo humilhar o genro igualmente pobre, mas com a pele mais escura.

Veja agora como a ideia de branqueamento marcou o "401 do IAPI", cresci na macumba, fui curada com as ervas da Jurema, benzida pela minha avó quando eu ficava doente, protegida por uma pulseira de aço (*idê*) que não podia sair do braço, mas mesmo assim, nunca tive a menor dúvida de que lá na minha casa todos eram brancos, até os orixás.

ACHEI O MEU UMBIGO NA DANÇA AFRO

Sempre amei dançar, então, uma vez, entre 5 e 7 anos, finalmente resolvi, me meti na *gira* do terreiro entre as saias engomadas das mulheres e comecei a dançar. Fácil, era só repetir os movimentos que eu conhecia desde muito pequena, perfeito, ambiente lotado, eu dançando ao som do tambor, foi o meu *début* no mundo da performance, rio só de lembrar! Finalmente consegui realizar o meu sonho, foram os segundos mais ousados e felizes de menina dançante, uma beleza! Até aqui tudo bem, sainha de xadrez escocês, pregueada e eu me sentindo mais uma na gira, que gostoso, o mundo e eu girávamos na mais perfeita ordem! Que cena engraçada, só criança mesmo para achar que tudo estava nos conformes! Por quê? Ora, Dona Iracema estava ali e ela não era de dar essa sopa toda para os netos! Eis que de repente, alguém agarra o meu braço, me retira da roda, me leva para fora do terreiro, tudo isso sem qualquer explicação. Era o meu avô! Juro para você, foi uma das situações mais humilhantes da minha vida, tão traumatizante, que até hoje me coço e sofro horrores para entrar nas rodas de dança ou capoeira, demoro eternidades para tomar coragem, só consigo entrar porque meu desejo é maior e a psicanálise ajeitou uns encantos enviesados. De qualquer modo, aquilo não matou a dança que existe em mim, ao contrário, fui dançar pelo mundo. Um mundo que se restringia ao subúrbio da Leopoldina (no máximo, na Penha do lado de cá) e à Tijuca.

Apesar de tudo, a cultura africana só chegou a mim, como cultura africana mesmo, por volta dos 23 anos, quando fui aprender

Dança Afro-brasileira com o professor e coreógrafo Charles Nelson. Até lá, passei por uma fase bem chatinha, pois ficava espremida entre a massificação das músicas de discoteca e aquelas de que eu realmente gostava, as músicas percussivas e as do movimento *black power* (com 7 anos eu adorava James Brown). Naquela época isso era coisa de gente, dita, da pesada (preto e/ou pobre), ainda mais menina branca de família, *nem pensar em se envolver com essa turma, hein!*. Dois fatos me salvaram: eu imitava o Michael Jackson em todos os lugares que podia, fiz amizade com dois irmãos bem mais velhos do que eu, os *Carecas*. Foram eles que me apresentaram ao James Brown, falavam do movimento *soul* e me influenciaram intensamente no meu gosto musical. No entanto, nossa amizade durou por um curto tempo, eles sumiram e nunca mais os vi.

A partir do momento que entendi que não podia dançar nas sessões do terreiro, até os 23 anos, com o início das aulas de Dança Afro-brasileira, eu dançava em qualquer lugar: na rua, nos bailes, nas gafieiras, na casa de vizinhos (ah, também imitava o Toni Tornado com a "*BR3*" para as visitas dos vizinhos, meus primeiros *shows*), metia-me em todos os eventos oferecidos pela *Escola Municipal Eurico Dutra*, em qualquer lugar eu dava vazão à arte. Um dia, na escola primária, falei para uma professora: *quando crescer eu vou ser chacrete!* Durante esse período de experimentação pelo mundo, este agora bem maior, já ultrapassava o Centro da cidade e outros subúrbios, ouvia partido-alto, samba, *blues* e *jazz* americano, sempre músicas com forte influência de ritmos africanos.

A cultura afro-brasileira dos orixás, que eu tenha me dado conta, só chegou à minha vida com a dança de Mercedes Baptista, por meio das aulas do Charles. E a profissionalização como artista bailarina pelo sindicato de dança surgiu desse encantamento com o movimento rítmico e a identificação com a cultura afro-brasileira de raiz familiar; interessante eu ter feito o percurso ao contrário, fui para bem longe do "núcleo do 401" para encontrar o meu umbigo, tão distante que cheguei até a Dakar, no Senegal, e quase desapareço nessa viagem. Só voltei porque não estava só, não mesmo!

A iniciação à leitura de traços, na dança, provocou demais, e de diversas maneiras, os aspectos sensuais. Sensual é tudo o que se relaciona à sensação, à percepção dos sentidos do corpo: tato, audição, visão, olfato, paladar. Para compreender qual o gesto prioritário que realizaríamos nas aulas ou apresentações, ficávamos atentos aos sons, ao toque do atabaque ou, como diriam os percussionistas Alexandre Pires e Fu Manchu, ao toque da tumbadora. Esses sons nos conduziam para lugares distintos; a marcação do *opanijé*, por exemplo, demandava uma entrega ao solo (opanijé é o toque de Obaluaê, o Senhor da Terra); as varetas (*aguidavis*) quando começavam a tocar o quebra-pratos, ou *ilu* de Iansã (a deusa dos ventos e das tempestades), não deixavam ninguém parado e o povo quase morria de tanto pular e levantar os braços; já o *ijexá* (típico de Oxum, a deusa dos rios, do amor e da beleza) era um *toque para respirar* depois de uma aula intensa, cheia de movimentos fortes e rápidos. Na maioria das vezes, o *ijexá* era batido num tempo mais lento, uma delícia de dançar, a música despertando uma denguice na gente, coisa de sedução e amorosidade, de acolher o mundo.

Somados aos sons dos instrumentos, havia as músicas e os passos de dança, pois alguns toques servem para mais de um orixá. E não eram apenas os movimentos dos santos dos terreiros, tínhamos as danças populares brasileiras, jongo, coco, samba, lundu e frevo; uau, como era sofrido dançar frevo!

Durante as aulas, as informações/traços sobre as danças aconteciam de maneira intuitiva, o professor nem precisava falar que na dança de Ogum era para se jogar mais para frente; Xangô era pra cima; na de Obaluaê, o Velho, o corpo voltava-se para chão. De tanto dançar, os traços eram capturados com sensualidade e as aulas vinham recheadas desse tipo de informação. Outra situação bacana para se aprender com os traços era a montagem de figurino para os shows.

O grupo *Olubajé*, criado pelo Charles, era uma festa ou uma fresta na vida de cada um, formado por um bando que andava por todos os lugares para dançar. Às vezes tinha cachê, outras não, o Charles logo avisava – *não vai rolar aqué!* (sem dinheiro) – e o trabalho era só por prazer. É claro que de vez em quando tinha muxoxo, mas o grupo topava tudo. Nessa brincadeira, dançamos em churrascaria, terreiro de candomblé, praça de subúrbio, escolas e em alguns teatros do Rio de Janeiro, enfim, o povo queria mesmo era dançar. E mais, a trupe acreditava na importância de apresentar histórias afro-brasileiras contadas pelas coreografias do Charles, manifestadas nos corpos dos dançarinos e ao som mágico dos percussionistas. Olha, o meu mundinho foi crescendo, dessa vez dançar publicamente tinha um gosto de arte, sem os olhares vigilantes dos avós e sem o fardo prazeroso de ter que largar as brincadeiras para atender os vizinhos-fãs.

As cores e as formas dos raros cenários também eram traços de uma linguagem a serem levados para as plateias distintas. A solução encontrada por esse grupo mambembe para a falta de dinheiro, mas que tinha toda a gana do mundo, foi criar as nossas roupas e os elementos que pudessem compor, minimamente, os cenários. Os artistas, então, pintavam, cortavam, se amarravam com tecidos baratos, enfim, faziam muita arte para realizar seus desejos dionisíacos. Numa das apresentações, eu e minha amiga e bailarina, Aissa Guimarães, desconfiamos que a o nosso figurino estivesse ousado demais, mas as nossas mães, ao final do espetáculo, acharam tudo lindo e apropriado. Era uma época em que inúmeros traços não se combinavam, e nem pensávamos nisso, o importante era que houvesse encantamento! A gente queria (se) encantar!

As duas pessoas responsáveis pela minha escolha de entrar no caminho da dança são: Charles Nelson e Mercedes Baptista. A qualidade das aulas ministradas pelo Charles Nelson é fantástica. Ele, ainda hoje, é seguidor incondicional do método de Dança Afro-brasileira de Mercedes Baptista, uma mulher forte e defensora da cultura afro-brasileira, primeira bailarina negra do Teatro Municipal do Rio de Janeiro. A magia da Dança Afro-brasileira me envolveu desde a primeira aula, em 1986, na academia Dança e Cia, em Copacabana.

Antes de começar a escrever sobre estas duas pessoas, preciso falar de uma combinação mágica entre razão e sensibilidade, pois quando mencionei que a minha escolha foi trilhar pelo caminho da dança, quero dizer que dançar é o caminho, o meu caminho. E a Dança Afro-brasileira teve uma importância terapêutica na minha história, porque aos 23 anos eu precisei buscar o que ainda tinha de felicidade na vida, e foi então que a integração da psicanálise e da dança convenceu a minha alma de que o meu corpo também é lugar de prazer.

Um tempo de dor. Eu já estava morando em Copacabana há quatro anos, e às vezes parecia que eu estava prestes a me desintegrar, um sofrimento profundo de loucura! Por indicação da Vera Machado, a minha psicóloga na época, parti em busca de uma academia que não fosse de ginástica com todas aquelas atividades com o rótulo de saúde e corpo ideal. Foi quando achei um espaço que oferecia dança afro e outras modalidades, então me inscrevi e comecei as aulas com o Charles. Dentro desse quadro de profunda angústia, fui arrebatada pelo som do atabaque, o som me conquistou. Eram dois os percussionistas que se revezavam, um mais velho, veterano nas aulas de dança, o Fu Manchu, que tinha trabalhado com a Mercedes em aulas e shows pelo mundo, e o Malaguti, que tocava maravilhosamente nas aulas e, apesar de aparecer com menos frequência, era linda a presença dele. O Alexandre Pires surgiu bem mais tarde, nas aulas do Charles e acompanhou o grupo *Olubajé* em muitos espetáculos.

Em 1986, o professor Charles Nelson morava em Sepetiba com a família, e eu achava maravilhoso alguém sair de tão longe para dar aulas, às 14h, em Copacabana. Cá entre nós, que aula fantástica! Eram encontros intensos, de deixar tudo encantado naquele período de 60 minutos às terças e quintas. Por um lado, ele exigia movimentos elaborados, cheios de detalhes, como a ondulação do tronco, e todo mundo se esforçava loucamente para atingir a técnica necessária à dança. Por outro, trazia uma riqueza, uma diversidade de danças brasileiras com histórias coloridas da nossa cultura, a maioria entrava em transe com ele, era um transe de arte.

Com toda a complexidade da aula, logo de início percebi que esse negócio não ia ser fácil para mim, até porque eu não sei ignorar a minha curiosidade. As aulas do Charles representavam uma biblioteca de traços conhecidos, que eu precisava decifrar e tentar aprofundar, aumentar meu vocabulário. Por isso, eu estava sempre a perguntar, não podia deixar de entender uma quantidade de informações que entravam na minha vida, justamente para completar o *quebra-cabeça* deixado de lado por mais de 10 anos. Nas aulas do Charles, eu me deparei com uma dimensão maravilhosa, na qual todos os Orixás dançavam de maneiras diferentes e, incrivelmente, todos eles eram pretos e africanos, não tinha santo branco na aula. A dança afro-brasileira foi um elo.

O Charles não tinha a menor ideia do que se passava comigo, de verdade, nem eu sabia o que acontecia nessa comunicação de corpos suados e dinâmicos. Durante as aulas, eu sempre muito curiosa e cheia de *perguntas de tirar a paciência* do professor, não que ele fosse abundante nesta virtude, então, volta e meia eu era alvejada com um festival de *coiós* (broncas). Mas eu precisava das aulas, não dos foras que ele me dava, óbvio, nas aulas eu ficava desesperada por algum sentido para as emoções confusas que emergiam e dificultavam o entendimento de muita coisa na minha vida.

Quase 30 anos depois da primeira aula, posso ver que não queria apenas ser razoável na vida, desejava mais, era antropofagia o que eu praticava. Devorei cada movimento e ensinamento das aulas de dança e com isso, comecei a compor a minha história de religião e arte. Era tanta paixão e alegria que a dor na alma foi diminuindo, diminuindo. O reconhecimento pelo trabalho do Charles é grande, porque o quanto eu aprendi, deve ter sido proporcional à quantidade de perguntas absurdas que eu fiz. Tudo indica que durante esses 10 anos eu tenha passado por uma dupla iniciação: na dança e na religião afro-brasileira. No fundo, falo da construção de uma identidade que se constituía de maneira alegre e potente.

Muita água rolou por debaixo da ponte, fiquei um bom tempo distante da dança afro-brasileira como professora e bailarina, mas nunca mais deixei de dançar, pois me mantive sempre caminhando. As ruas me acolhem nas festas, nos batuques espontâneos e nas rodas de capoeira. Esta é minha outra paixão, o som do berimbau parece que se prolonga daquele único arame e me amarra nos encantamentos da vadiação. *Iê, viva meu Deus, camará!*

Mercedes Baptista[10] podia ter sido minha tia por parte de mãe, a tia Judith tinha a pele e os cabelos bem parecidos com os dela, mas a maior aproximação familiar que tenho com a dona Mercedes é o nome da minha mãe, Mercedes Marília, e só!

Em 1948, a bailarina Mercedes foi a primeira negra a ser aprovada no disputado concurso para o Corpo de Baile do Teatro Municipal do Rio de Janeiro. Ser a primeira bailarina negra em um espaço tradicionalmente de branco, não foi fácil, o preconceito desse meio não permitia que ela fosse aproveitada em grandes espetáculos. No início dos anos 50, percebendo a limitação a ela imposta, Mercedes sai em busca de pesquisas e estudos sobre dança e vai atuar em cenários da cultura afro-brasileira como integrante do Teatro Experimental do Negro, criado por Abdias do Nascimento. Graças à aprovação em uma seleção para estudar dança moderna nos EUA, lá passou um ano como aluna de Katherine Dunham, mas também trabalhando como bailarina e professora de dança afro, de origem brasileira. De volta ao país, em 1953, cria o Ballet Folclórico Mercedes Batista, além exercer o papel de professora no próprio Teatro Municipal. Mulher de origem pobre, atuante no espaço de luta contra os preconceitos e pelo reconhecimento dos artistas negros, ela cria a Academia de Dança Mercedes Baptista, em Copacabana[11]. A ex-aluna Jandira Lima faz a seguinte declaração sobre a academia, no documentário *Balé de Pé no Chão*: *isso aqui era uma fábrica de sonhos. E a nossa academia aqui era uma academia diferente com gente diferente. Aqui, nós, negros,*

---

[10] Dança Afro-brasileira é o trabalho criado por Mercedes Baptista para espetáculos executados por bailarinos, com aulas específicas sobre elementos da cultura afro-brasileiro e adaptado a movimentos da dança moderna americana. Suas coreografias eram criadas a partir de elevada elaboração técnica das danças clássicas e modernas e pesquisas sobre a expressividade popular e folclore nascidos na presença dos negros africanos, no Brasil. Mercedes encontrou uma riqueza incalculável em várias regiões do país, como também nos terreiros de candomblé. Ver Melgaço (2007).

[11] Melgaço (2007).

aprendemos a nos respeitar, a nos valorizar e a ver a vida com esperança.[12]

Mercedes tinha bem mais de 70 anos, quando a conheci. Ela foi convidada pelo Charles para conversar com os alunos dele numa academia em Botafogo, e para minha surpresa, a aparência da grande figura da Dança Afro-brasileira não combinava com as minhas fantasias. Aquela mulher forte, que lutou pela participação de artistas negros nos palcos brasileiros e a professora rígida e severa com os alunos, chegando mesmo a dar umas punições para os menos atentos, agora, tinha uma voz tranquila e se mostrava atenta às nossas questões. Será que a doença mental que consumiu sua memória já estava se manifestando? Independente desse fato, eu fiquei petrificada, fui paralisada pela a Dama das Histórias Terríveis, pouco dada ao compartilhamento de suas pesquisas e criações. Diz a lenda que ela não gostava da ideia de passar suas descobertas ao outros, nem mesmo aos alunos! A criadora do Método de Dança Afro-brasileira, com forte influência da dança moderna, viveu em um asilo em Copacabana, até os 93 anos, cercada de cuidados dos amigos próximos.

Em 2014 fui convidada pelo Charles para o seu último aniversário[13], e foi triste me deparar com a temida Mercedes Baptista sem um pingo de emoção em sua expressão. Tive a impressão de que sua memória tinha sido apagada com todos os seus feitos ousados, rítmicos, severos, pelo cruel Alzheimer. Nossa primeira bailarina negra do Teatro Municipal é uma personalidade importante que não podemos eliminar da nossa história, ela juntou danças populares ao balé clássico e à dança moderna, sua vida atípica de mulher negra no Brasil e a sistematização de suas aulas de Dança Afro-brasileira têm que ser registradas e compartilhadas, precisamos de dona Mercedes.

---

[12] Balé de Pé no Chão - a dança afro de Mercedes Baptista, documentário de Lilian Solá Santiago, Marianna Monteiro, de 2005.

[13] Reportagem de Evandro Passos, **"O aniversário de Mercedes Baptista"**, na última comemoração de vida da bailarina/coreógrafa, disponível em: http://centroculturalvirtual.com.br/conteudo/o-aniversario-de-mercedes-baptista.

Figura 4 – Mercedes Baptista, década de 1960[14]

APRENDENDO A LER SACROS

Este é um livro para ler com o corpo todo. Não será possível compreender os conceitos do Método GDS sem que a pessoa, você, realize certos movimentos indicados durante a leitura (pessoa é mistura de corpo, mente, alma, energia, espírito, história, afeto, órgãos...). Outra observação, é que até aqui a narrativa foi priorizada via intelecto e afetividade, contei histórias que te afetaram de alguma forma e você compreendeu o que foi dito. A partir de agora, a compreensão dependerá da sua realização por meio dos **ditados de corpo**. Ou seja, te orientarei no desempenho de uma série de movimentos, tendo em vista estimular a sua percepção para o ato de construção de gestos específicos. Além disso, esses ditados te ajudarão a localizar ossos ou músculos no próprio corpo. Logo, o **ditado de corpo** é uma etapa importante para a tomada de consciência do corpo e elaboração dos gestos.

Eu não sei qual é a sua posição neste exato momento, mas preciso que você ponha a mão na sua cintura (indicador voltado para o umbigo e o polegar para as costas). Agora, deixe o polegar chegar à espinha. Era assim que minha família se referia à coluna. Estou rindo só de lembrar que, se alguém corresse e caísse, minha avó dizia que era perigoso, pois podia quebrar a espinha. Mas teve uma vez que quase morri de verdade por causa da espinha. Era sábado e no almoço tinha peixe; graças à minha mãe, não morri, ela me salvou tirando aquele troço da minha garganta.

Continuemos o primeiro ditado de corpo: depois que os polegares (melhor fazer com as duas mãos) chegarem à coluna, deslize-os para baixo, até chegar num osso largo que fica um pouco acima do rego da bunda.[15] Pois bem, esse osso grande, triangular e às vezes dolorido, é o osso sacro. Se você quiser se certificar do lugar, abra a mão e apoie sobre esta região, qualquer que seja o movimento feito com a bacia, mexe esse osso por inteiro, porque estamos falando de uma parte da coluna com as vértebras grudadas entre si. Comparando com a região da lombar (um pouco acima), você sentirá que as vértebras se mexem separadamente, pois são todas articuladas entre si.

Agora que você conhece o próprio sacro, olha só que coisa interessante! Basicamente, há três tipos de sacro[16]. Na verdade, eles apresentam formas e inclinações diferentes, mas visualmente, no corpo da pessoa, eles podem se parecer com: uma tábua, uma prateleira, ou com uma gaveta empurrada para entre as pernas. Para facilitar as histórias futuras sobre as cadeias musculares GDS, seguem quatro figuras[17]:

---

[15] Minha "*cossocia*" Henriqueta não gosta desse termo. *Cossócia* é aquela pessoa que incentiva, torce e vibra profundamente com a ideia do outro, tanto que a autoria da obra é *quase* compartilhada. Hoje, infelizmente, ela se lembra muito pouco do processo inicial do livro.

[16] Os desenhos dos sacros são de Philippe Campignion (2003, p. 26).

[17] As últimas três imagens e as respectivas denominações, sacro neutro, sacro verticalizado e sacro arredondado, são de Campignion (2003, p. 26). Philippe Campignion, fisioterapeuta belga e coautor de importantes conceitos do Método GDS, amigo de Godelieve e seu sucessor nas pesquisas sobre as Cadeias GDS. Mas as imagens de tábua, prateleira e bunda na gaveta utilizo com os meus alunos para ajudar na construção de imagens das formas da bacia.

Figura 5 – Ossos da bacia[18]

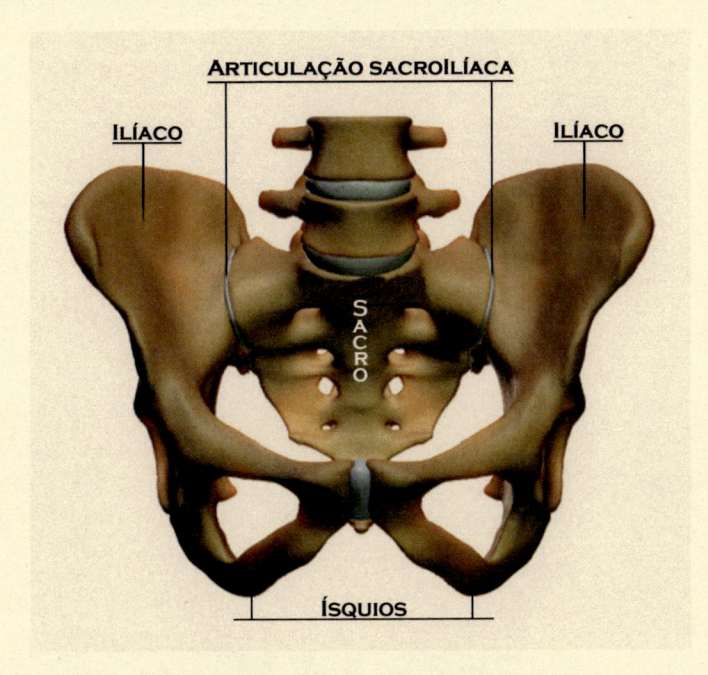

Figura 6 – sacro neutro (tábua)

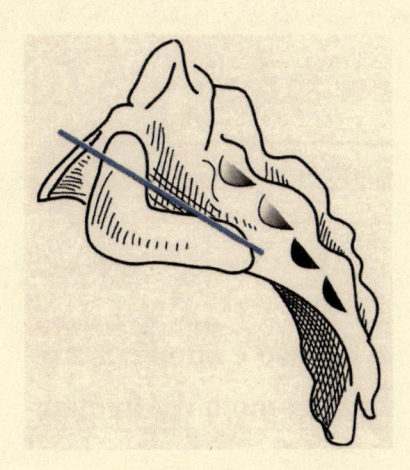

---

[18] Desenho de Guran.

Figura 7 – sacro verticalizado (prateleira)

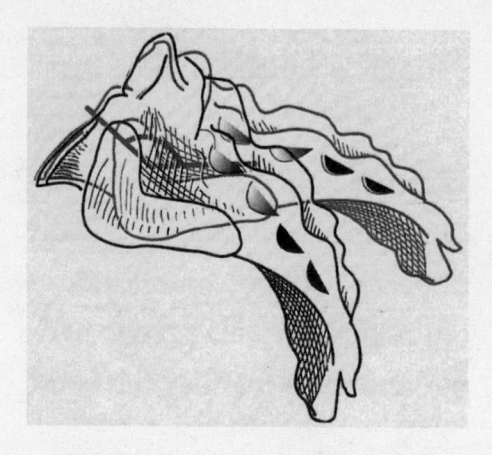

Figura 8 – sacro arredondado (bunda na gaveta)

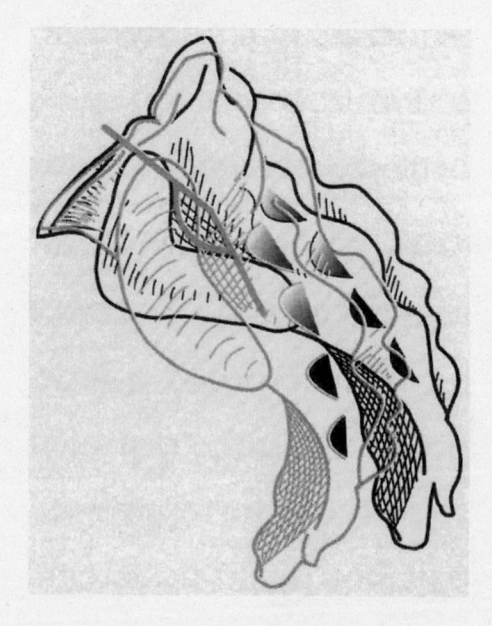

Qual dos três é o seu sacro? Independentemente da resposta, o seu é o melhor para você, porque não existe padrão para corpo humano, então, que fique bem claro: sacro é que nem gosto, cada um tem o seu e as posturas mudam muito em função disso.

Conversando com o meu amigo artista plástico, Flávio Medina, que me encantava com a sua mais nova ideia, a de confeccionar escapulários de prata com símbolos de orixás, ele me explicava como suas pesquisas caminhavam a partir dos desenhos de Carybé, especificamente os de arte sacra. Tuiiim! Leitor, se eu pudesse, deixaria uma página inteira em branco só para simbolizar a tamanha surpresa que me abateu quando o Flávio associou os desenhos dos orixás à arte sacra. Por favor, se você puder, faça agora uma longa pausa na leitura, feche o livro e conte até três milhões, pois foi assim que minha cabeça reagiu àquela informação. No mesmo dia, fomos a uma exposição linda intitulada *Orixás*, na Casa França Brasil, aqui no Rio de Janeiro, onde o grupo de candomblé de Nova Iguaçu, *Orquestra de Atabaques Alabe Funfun*, fazia um baticum ótimo. Ainda que eu tivesse dançado ao som dos tambores, a cabeça não parava de martelar a novidade. Tudo girava em torno do tema – se arte sacra é uma manifestação artística voltada ao sagrado, eu também estava pesquisando sobre arte sacra.

É triste, mas essa reação é uma das marcas do branqueamento de que falei anteriormente. Nunca pensei que imagem de orixá pudesse ser considerada arte sacra. Vocês não podem imaginar o efeito dessa descoberta. Sabe aquela pessoa que enche a boca para falar *"Detesto arte sacra!"*, Pois é, era eu!

Racismo cultural embota, sempre achei que arte sacra fosse sinônimo de imagem bizantina triste ou daquela imagem do Cristo morto com cabelo no caixão; mudei de ideia por causa da conversa que tive com o Flávio. Agora, vejo que além dos deuses cristãos, todas as outras representações artísticas de divindades são consideradas arte sacra. Isso me influenciou tanto, que alterei a organização do livro. Maravilha, o meu lado brasileiro forjado no eurocentrismo ficou mais fraco.

Apresentei as duas possibilidades de uso da palavra "sacro"; o sacro como sinônimo de divino, e sacro como nome de osso. Na segunda parte do livro, quando for estabelecida a relação entre os mitos e os músculos das cadeias GDS, o sacro aparecerá como uma referência para orientar algumas explicações das danças dos orixás e a mecânica do corpo. Por exemplo, nas danças de Exu e de Xangô o sacro se mantém em posições parecidas; nas danças de Ogum e Obaluaê, os sacros assumem posições que levam a sentidos opostos. Parece simples e é, basta ler traços com o/no corpo; o mundo sem as palavras conta histórias incríveis, ainda mais quando o vocabulário é enriquecido por gestos expressivos.

Como cheguei ao Método de Cadeias Musculares e Articulares GDS? Assim como vocês, desconhecendo absolutamente o que esse nome significava. A única palavra que compreendia era *método*, mesmo assim, de maneira rasa; só um pouco mais tarde entendi que GDS era o nome da mulher que criou tudo isso – Godelieve Denys-Struyf.

Devia estar no segundo semestre da faculdade de Educação Física e uma professora, que não conseguia me explicar direito do que tratava esse tal método, mas que me atendia com manipulações e exercícios do Método GDS, chegou com uma ajuda maior do que eu podia esperar. Além de superar a dor insuportável que tive no ciático, vislumbrei com curiosidade aquele caminho como uma possível saída para a minha insatisfação com a Educação Física. Pronto, decidi viajar para São Paulo e conhecer essa proposta terapêutica. Já no final da formação, decidi fazer outra viagem, fui conhecer Madame Struyf, em Bruxelas. Certamente, o Método GDS foi um dos maiores marcos na minha vida.

Desde o início da formação, havia uma situação meio esquisita que me deixava incomodada. Aquela professora quando me introduziu no mundo da terapia corporal tinha uma preocupação, de que alguém fosse xerocar umas apostilas sem pé nem cabeça que eram entregues a cada módulo da formação. Demorou um tempo até que eu tivesse acesso ao material, pois ela achava que as ideias podiam ser roubadas e isso não seria justo para com os idealizadores. Eu me lembro, enquanto as recomendações eram feitas, de olhar para essa atitude de preservação e pensar: como alguém tem uma ideia maravilhosa, faz um curso de formação para divulgar suas descobertas e tem medo de ser roubado? Sem contar que para um leigo, as apostilas pareciam mapas que levavam a lugar nenhum, só os **iniciados** conseguiam entender os desenhos, os textos e os símbolos da *Linguagem GDS*. O excesso de controle sobre o universo de conhecimentos do método era um dogma presente em toda a formação, não podia reproduzir as apostilas e pronto. Sob a lente GDS, as Cadeias musculares Anterolaterais (AL) expressam, a defesa, o controle e a tentativa de reter para si o que interessa. Ficava evidente para mim que, tanto no Brasil como na Europa (França e Bélgica), as cadeias AL dominavam a estrutura do Método GDS.

Os primeiros encontros do curso do Método GDS eram, sempre, com o Ivaldo Bertazzo, um bailarino que tem o dom de educar e encantar corpos, e também o responsável pela criação dessa formação no Brasil. Nas aulas iniciais, meio técnicas, meio mágicas, fui seduzida a continuar com as práticas familiares de leituras de traços, então, nem pestanejei, comprei o curso de porteira fechada. Topei, mesmo com o investimento alto, o elevado custo de cada módulo, as constantes viagens para São Paulo e ainda ficava esse tempo todo sem ganhar dinheiro, pois eu passei a atuava exclusivamente como profissional liberal. Uma fatalidade que me salvou!

Tinha acabado de pedir exoneração da Secretaria Estadual de Educação, como professora de Geografia e, em seguida, fui surpreendida com a demissão do colégio particular onde trabalhava há alguns anos. Então, apesar do peso nas contas mensais, pois alguns encontros duravam até 15 dias, o fato de estar sem emprego e ter conseguido me estabelecer como professora particular (a tal da personal trainer) foi o que viabilizou as viagens e o mínimo conforto para me manter em Sampa e aproveitar a cidade. Mas o grande apoio veio da minha amiga Cristina Helena, este foi definitivo para a minha formação no Método GDS. Em quase todas idas para lá, ela me hospedava com tamanha generosidade no apartamento que em que morava com o filho, o Pedroca, e nas vezes que coincidia deles estarem viajando, a Cris me despachava para a casa da matriarca, a Dona Creusa, outra pessoa que me acolheu com um carinho e um humor, deliciosos. Meus agradecimentos públicos à família Melo, valeu gente!

Se por um lado era meio pesado o investimento, por outro, dava muito prazer em empregar uma quantidade razoável de tempo e dinheiro no curso. Identifico, agora, que o prazer vinha da importância que dei ao perceber que nesse espaço as *informações não ditas* eram relevantes para o nosso aprendizado. É inesquecível a sensação desagradável que eu sentia em não acompanhar certos raciocínios sobre assuntos apresentados pela equipe, como por exemplo, uma aula da Prof.ª Rita Wada, em que os ossos da cintura pélvica (bacia) eram associados a ângulos e coisas que eu nem imaginava que pudessem existir. No entanto, tudo aquilo fazia um sentido danado para mim, afinal, já eram os anos de leitura de traços que me tiravam da angústia.

A performance do professor Ivaldo Bertazzo era o máximo, não tem como esquecer! Rapidamente, descobri que esse homem é um encantador de gente, e, repito, fui conquistada por ele logo de imediato. Durante as primeiras quatro horas das sextas-feiras, ele era o responsável pela introdução dos conceitos referentes ao módulo. Era o momento em que eu entendia o método de forma inteira, ele explicava tudo com a ajuda das muitas histórias sobre a cadeia muscular que seria discutida no módulo da semana. Por exemplo, numa aula sobre a potência da ação muscular ele contou o caso de um bailarino mineiro que fraturou a tíbia (canela da perna) por causa da tração muscular, isso, sem queda ou acidente. Em outro módulo, o Ivaldo distribuía escápulas diferentes, ou seja, os ossos das costas que parecem asinhas e se movem quando mexemos com os ombros. Ele explicava que há pessoas que apresentam a parte desse osso voltado para as costelas, cheio de ondulações, e segundo ele, os anatomistas de um país que não me lembro, relacionava o fato à ação intensa de determinada cadeia muscular. E para associar os aspectos do corpo a atitudes comportamentais específicas, que é uma das propostas do método, ele contava histórias e dramatizadas como ninguém. O segredo dele era ensinar como tratar de pessoas expressivas com impedimentos maiores ou menores, mas nunca tratar apenas de corpos de pessoas.

O que é Método GDS, afinal? É uma proposta da fisioterapia que associa leitura corporal, conscientização do movimento e cuidados fisioterapêuticos. E o que isso quer dizer? Ah, aí é que são elas! Vamos lá...

A Godelieve Denys-Struyf, africana de nascença (colônia belga – Congo) e artista plástica (retratista) começa a frequentar a Escola de Belas Artes de Bruxelas, onde aspectos da morfologia e psicologia humana são estudados. Bem mais tarde, atuando como fisioterapeuta, Godelieve adota o desenho dos pacientes como uma ferramenta poderosa para a avaliação terapêutica. De frente, de costas e de perfil, os inúmeros desenhos feitos por Godelieve chamaram a atenção da *artista-terapeuta* para a forte relação entre o corpo e os aspectos do comportamento, ou seja, da expressividade humana.

Figura 9 – Godelieve Denys-Struyf[19]

---

[19] Imagem criada por Guran, a partir de imagem do livro de Campignion (2003).

Imagine agora o seu corpo todo dividido por famílias de músculos com funções específicas, por exemplo, famílias de músculos que rodam os braços e pernas para fora, famílias de músculos responsáveis pela verticalização do corpo, ou ainda, famílias de músculos responsáveis pelo equilíbrio; pois é, as cadeias musculares são famílias de músculos com funções específicas. Elas são seis e veremos cada uma mais de perto, na segunda parte do livro. Segundo Godelieve, as famílias musculares mais frequentes e atuantes nos nossos corpos imprimem certas características em nossos comportamentos. Não estou dizendo que uma condição física determina os comportamentos, mas elas *INTERFEREM* bastante sobre as atitudes. Vocês conhecem alguém enrolado para frente, com a coluna arredondada? Pois então, tentem impor a essa pessoa uma vida muito dinâmica durante longo período, exigindo ações e decisões rápidas. Qual o resultado?

Escrever sobre GDS é a realização de compartilhar um olhar atento de profissional e praticante do método, com a noção da impossibilidade de pensar na *expressão **corpos e mentes*** no cotidiano. O Método GDS reúne uma mistura de culturas e saberes, de forma que seus iniciados passam a adotá-lo como uma nova linguagem para traduzir o mundo, fica entendido para os iniciados "em GDS" que na prática há corpos expressivos. Neste livro, unir saberes africanos com os de referência europeia, tendo a leitura de traços como a linha que costura os dois conhecimentos, é uma breve história do resultado das iniciações de uma vida.

Poderia continuar falando dessa mania de ler traços, pois os deuses me presentearam com um mestrado em Saúde Pública, onde conheci um aspecto encantador dos meus orientadores, *Marcos Ferreira, Luis David Castiel e Maria Helena Cabral de Almeida Cardoso*, são exímios leitores de traços. No entanto, o mundo acadêmico, especialmente a Maria Helena, transformou em indícios o que eu tenho chamado de traços. Na Escola Nacional de Saúde Pública – Fiocruz, então, eu comecei a andar por um caminho meio pomposo que se chama *método indiciário*, algo como, investigação de pistas (traços). Foi lá que comecei a *interpretar indícios, ícones e símbolos*, mas essa história é longa e bem complicada, fica para uma próxima!

A segunda parte do livro aproxima os mitos e as sabedorias dos deuses africanos a conhecimentos do movimento humano, em que é apresentada a proposta do curso *Entre o Mito e o Músculo: Dança dos Orixás e Cadeias Musculares*. Este livro, como diria o professor Luiz Rufino, *é o cruzo* de épocas, interesses, pessoas, necessidade e um mundo de situações. E sua pretensão é ousada, pois foi idealizado para ser lido por curiosos não iniciados, por pessoas que desejem conhecer um pouco mais o próprio corpo e a nossa cultura afro-brasileira. Por isso a linguagem foi cuidadosamente escolhida, e a escrita usou de considerável informalidade, pecando até por excessos de intimidade e familiaridade com o/a leitor/a.

Estou feliz por compartilhar uma descoberta – a Dança Afro--brasileira de Mercedes Baptista e O Método de Godelieve Denys--Struyf (GDS) têm mais semelhanças do que eu podia imaginar.

MITOS E MÚSCULOS

DOS CONCEITOS AOS TRAÇOS...[20]

No início do livro, digo que traço é tudo aquilo que significa algo para alguém. Na verdade esse conceito de traço, seu significado, interpretação, não é tão simples como se poderia supor. Inclusive, rendeu algumas conversas com pessoas ligadas ao campo de estudo da linguagem, mas não se assuste, porque eu continuarei mantendo a proposta de passar as informações da forma mais clara possível. Repito, os assuntos abordados terão indicações bibliográficas e/ou notas de rodapé.

Mitos

Quem entende do babado sabe que as religiões de *motrizes africanas*[21] têm um requinte danado, seus saberes são complexos, tanto que existem diversos pré-requisitos e rituais para que um filho de santo seja considerado um iniciado na religião. Outro aspecto incomum dessa cultura é a sua transmissão. No judaísmo, cristianismo, islamismo, por exemplo, a escrita favoreceu certa uniformidade no conhecimento de cada uma delas. São religiões que apresentam sua organização estruturada, em que os rituais, histórias de santos e de personagens, dogmas chegam de maneiras semelhantes às várias regiões do planeta, apesar de terem sido criadas há centenas de anos. Nos três exemplos, são os seus livros sagrados os responsáveis pela homogeneização da difusão de cada

---

[20] Figura das duplas – mitos e músculos – criadas por Guran.

[21] Ligeiro (2011).

uma. São eles que explicam para o conhecimento geral *quem fez*, *aonde fez*, *o que fez* e por aí vai.

A cultura africana, por outro lado, dependeu muito e ainda depende dos *griots*. Eles são os conhecedores da história do seu povo, e carregam riquezas na quantidade e qualidade de informações vividas e ouvidas, perpetuando, dessa forma, as tradições das culturas locais daquele continente. Não podemos esquecer de que falamos de muitas culturas africanas, a prova está na variedade de línguas, lendas, costumes que ainda ouvimos e, agora, também lemos sobre os nossos antepassados de África.

Os africanos escravizados, quando chegaram às Américas, trouxeram, em suas lembranças e corpos, tantas culturas, quanto os povos europeus carregavam em suas bagagens e livros. Portanto escrever sobre as lendas e mitos africanos é difícil pra caramba. Um amigo, ao saber da minha intenção de contar umas histórias sobre alguns desses mitos, recomendou-me fazer um glossário – *Eu me confundo todo!* Pois é, talvez (certamente) seja porque socialmente não tenha sido apropriado, no Brasil, difundir a cultura dos pretos; e orixá é herança de preto. Você acha que Zeus, Hera, Afrodite, PO-SEI-DON são nomes comuns? É incrível, mas até as crianças conhecem e brincam com esses nomes, por que será? Sobre o tema, eu teria muito para contar, mas já chamei a atenção para esse desequilíbrio cultural, então, em outra oportunidade, eu volto a falar sobre isso.

De maneira secundária, a dificuldade do amigo com esses mitos talvez esteja relacionada, também, com o resultado de séculos de transmissão oral. Com os livros, uma mitologia pode ser repetida por muitas pessoas e durante anos sempre com histórias lineares, em que primeiro acontece algo, depois outro fato, e depois outro, e por aí vai... Mas não é assim que funciona com os contos de culturas que se eternizaram por meio da oralidade. Nos mitos dos orixás existem alguns inícios, alguns meios e vários fins. Ouso dizer até, que há um mesmo fato ocorrido em vários lugares simultaneamente. Você lerá na mitologia referente à vida de Obaluaê, que ora ele é adotado por Iemanjá e por ela cuidado (ela mora no mar), ora vive nas matas e salva os pais da peste, assim como todos da *sua* aldeia. A vida dos orixás não é reta como uma correntinha de acontecimentos um do lado do outro. Leitora[22], por favor, permita-se à multiplicidade de possibilidades oferecida pela história oral; estamos lidando com mitos, há encantamento por toda a parte. Eu sou toda agradecida à oralidade; por esse motivo conseguimos manter vivo o passado (não identidades) de muitas famílias brasileiras. Coisa que a escrita não pode fazer.

Você sabia que Rui Barbosa, para evitar golpes dos escravistas ao tesouro da União, mandou queimar, no Rio de Janeiro e em Salvador, documentos sobre o tráfico humano entre a África e as Américas? Pois é, o momento era outro e não estou aqui julgando o ocorrido, mas preciso chamar a atenção para o fato de que homens letrados apagaram uma parte da história, como a da família materna do meu avô, Francisco Ferreira Martins, nascido em 1903, o vô Chico.

Dando continuidade ao propósito inicial desta parte do livro, gostaria de fazer-lhe uma pergunta. Você sabe o que é macumba? Desde pequena eu ouço falar que macumba é um instrumento musical parecido com um reco-reco. Essa explicação acabava comigo, pois acho deliciosa a ideia de ser macumbeira, de ter nascido numa família de macumbeiros, de fazer macumba... Então, imagine você a falta de dignidade que era, para mim, reduzir macumba a um reco-reco. Porém, bem mais velha eu descobri que macumba é macumba mesmo.

Aquela conversa de que a primeira vez a gente não esquece. Foi num curso do Luiz Rufino e do Antônio Simas que ouvi a outra explicação, e nessa, macumba tem a ver com feitiço, encantamento, com a magia das palavras, com poesia. Só podia ser macumba, gente! Naquela época, no apartamento do IAPI da Penha, havia poesia nas preces do meu avô, encantamentos nos corpos que dançavam na roda do terreiro, magia nas ervas que curavam a todos, às vezes com os banhos, outras nos chás; há muitos anos

---

é a macumba que nos envolve e traz para a família que eu amo a força dos orixás.

Macumba não é coisa do diabo, nem de Buda, porque os dois são de outras religiões, é simples, né? Umbanda, Candomblé, Xangô, Catimbó, sim, chamo tudo isso de macumba, mas com peculiaridades próprias a cada uma delas. Eu não quero complicar mais nada, portanto não vou diferenciá-las, pois são questões que o Google pode responder, mas de vezes em quando eu darei umas pitadas de explicações sobre umbanda e candomblé. No entanto, o que é encontrado em quase todas as formas mencionada de *macumbarias* é a presença majoritária dos Orixás. Mas o que é um orixá? São divindades cultuadas pelos iorubás[23], que foram encarregadas de cuidar e controlar elementos da natureza. Cada um dos deuses iorubanos tem um conjunto de símbolos que são usados pelos iniciados nos cultos em sua devoção (cor, animal, pedra, elementos da natureza, dias da semana, flor, metal). Relembrando a importância da oralidade no continente africano na forma de ensinar as tradições às outras gerações, deixo claro que nos Estados do Brasil e em Cuba não existe uniformidade nas representações desses símbolos e nem dos mitos. O que temos difundido de maneira uniforme são algumas marcas fortes da mitologia de cada um dos orixás. Ogum é o orixá do ferro, pode ser representado pela cor vermelha ou azul, e ainda, em algumas nações pode ser vestido de outra cor, não saberia precisar. No continente americano, depois da diáspora negra, a cultura de origem africana se organiza dessa maneira complexa, bem misturada.

Músculos

Compreender a mecânica do nosso corpo, segundo traços apontados pelo Método GDS, não é fácil. Mas, se você se deixar levar pela imaginação durante os **ditados de corpo** e começar a

---

[23] Houaiss: 1- iorubá é uma língua nigero-congolesa. 2- um povo africano do sudoeste da República Federal da Nigéria, com grupos espalhados também pela República do Benim e pelo norte da República do Togo. Esse grupo foi em grandes levas para o Brasil (a partir de 1840), onde recebeu a denominação de nagô, esse povo exerceu na Bahia forte domínio social e religioso sobre outros grupos escravizados, exceto sobre os grupos islamizados.

associar a personalidade dos mitos aos aspectos comportamentais das cadeias correspondentes, as dificuldades poderão ser acrescidas de certos prazeres comuns ao (auto)conhecimento. Vou explicar melhor essa associação.

Primeiramente, é importante saber que as seis cadeias musculares são famílias de músculo duplas (figura 11). Isso quer dizer que todas elas aparecem tanto na parte direita do corpo, como na esquerda, logo, todo o corpo humano é animado por seis famílias musculares que nos movem.

Nos livros sobre o Método GDS o termo *Cadeias Musculares* aparece no plural, pois são estruturas duplas, no entanto, com o intuito de simplificar nossa comunicação, decidi usar o singular ao me referir a cada uma delas. Em vez de dizer "Cadeias Posteromedianas (PM)", usarei a expressão no singular: Cadeia Posteromediana. Pode confiar, um detalhe como esse vai ajudar na *"hora agá"*!

Figura 11 – Desenhos de Guran, a partir de imagens de Godelieve Denys-Struyf (GDS)[24]

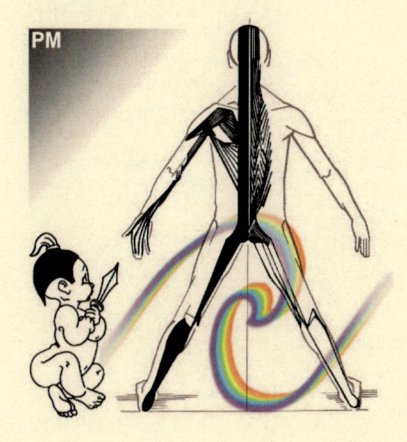 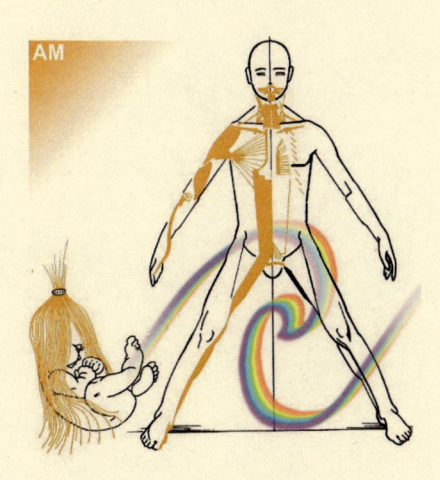

---

[24] Os desenhos das cadeias musculares criados por Godelieve (Denys-Struyf, 1995) foram a base para o desenhista Guran traçar a representação de mitos e os músculos no corpo humano.

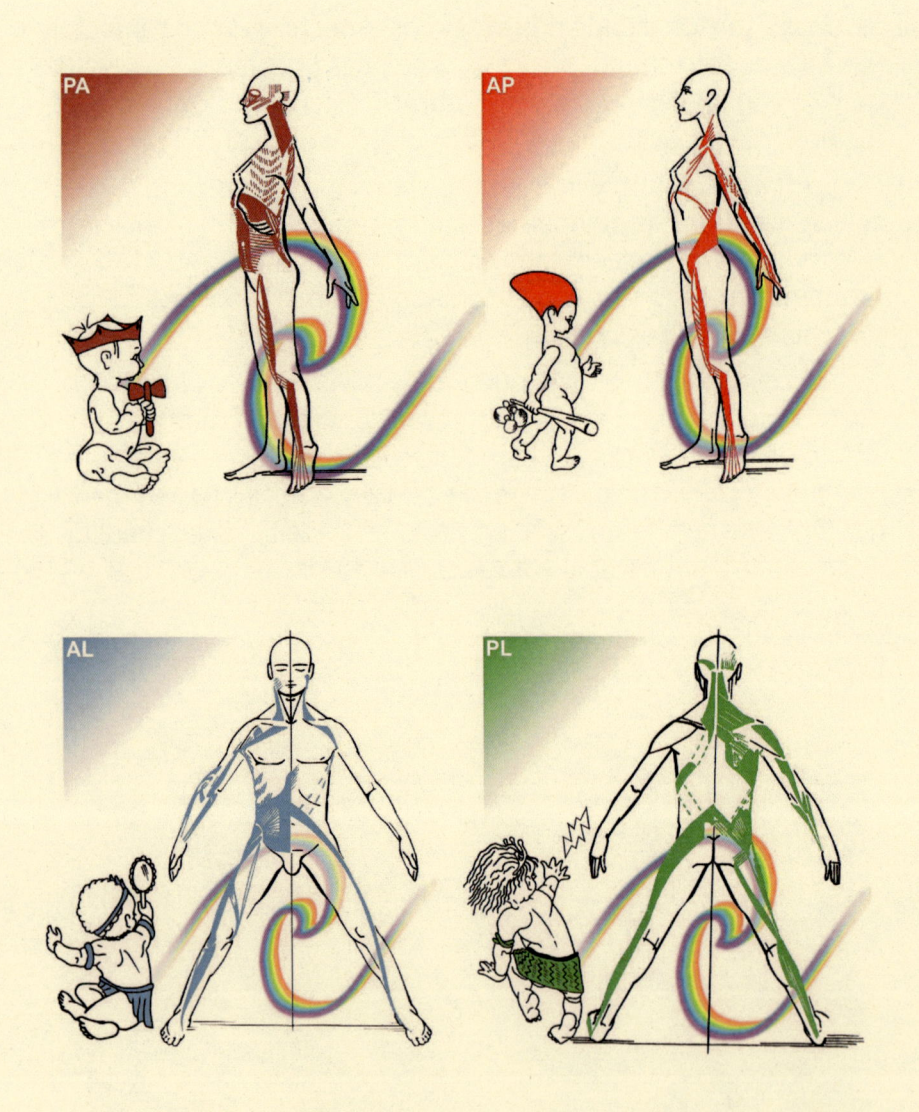

O segundo ponto é a forma central como a criadora do método, Godelieve, organizou as cadeias do seu método (GDS = Godelieve Denys-Struyf). Durante seus estudos de desenhista e mais tarde, fisioterapeuta, Godelieve identificou seis tipologias comportamentais associadas às seis cadeias musculares, sendo que duas delas agem em conjunto, PA e AP. Na figura 12, além das tipologias, ressaltei a força que mantém cada postura equilibrada[25]. Grosso modo, cada família de músculos é motivada de maneira particular e, a partir de determinados estímulos, portanto, esta ou aquela cadeia se manifesta no corpo com maior intensidade. Dessa descoberta, ela desenvolveu um estudo sobre o aspecto *psicocomportamental* de cada uma das cadeias. Godelieve diz que, de certa maneira, cada cadeia tem maior predisposição para apresentar comportamentos específicos. Ela está falando dos aspectos psicomotores, o que André Trindade explica como a integração dos planos psíquico e motor[26].

Figura 12 – Imagens das tipologias GDS[27]

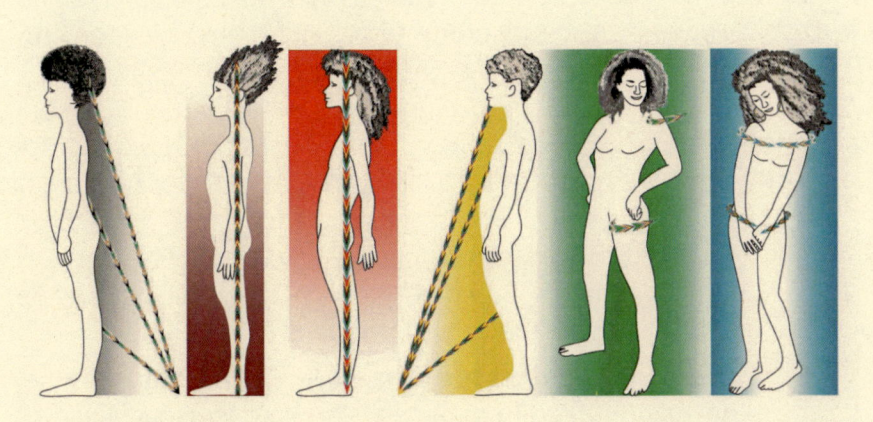

A associação entre músculos e expressividade serviu de base para GDS desenvolver um **olhar** especial, um olhar compartilhado com todos os que se envolvem na formação do Método GDS. Nele, a sensibilidade das artes e a técnica da biomecânica se uniram a serviço de uma leitura corporal, no qual um alfabeto (PM, AM, PA-AP, PL, AL) é utilizado para interpretar um universo de expressividades e analisar as dificuldades decorrentes das lesões motoras, sempre,

---

[25] O desenhista Guran, a partir de uma imagem de Denys-Struyf (2010), coloriu as forças que as cadeias musculares exercem sobre as respectivas tipologias.

[26] Trindade (2016).

[27] Desenhos criados por Guran, a partir das imagens de Denys-Struyf (1995).

com o objetivo de recuperar a liberdade do corpo expressivo. O Método GDS é, na sua base, uma prática fisioterapêutica sensível.

Na prática, o Método GDS se preocupa com a interpretação dos gestos que as cinco famílias de músculos, em sintonia, são capazes de realizar em busca de comunicação. Em muitos casos são as lesões no sistema motor (nossa leitura parte do corpo) que impedem a realização de movimentos estruturados e gestos harmoniosos. Apesar de todos nós apresentarmos as seis cadeias (músculo) e as seis tipologias (expressividade), somos mais inclinados a algumas atitudes/motivações/posturas.

Você terá oportunidade de perceber que essa coisa toda é muito mais complexa do que a breve apresentação oferecida no livro, mas o que está sendo informado já ajuda muito na construção do conhecimento necessário aos estudos da proposta *Entre o mito e o músculo*. Considere que, existem muitas formas de leitura corporal e, neste trabalho eu junto ao mito de um orixá (tipologia) com a postura adotada por ele durante as danças criadas por Mercedes Baptista para o espaço cênico (cadeias musculares). De certa forma, junto dois sistemas de sinais e realizo interpretações de gestos, pois identifico pessoas com posturas de Obaluaê, de Ogum, de Iansã, de Xangô, de Oxum e de Exu.

Obs. Interpretar os gestos (expressão de cada cadeia muscular), não é DETERMINAR os gestos das pessoas. Godelieve usa a palavra **terreno** para esclarecer questões de leitura corporal. A metáfora com essa expressão pode ser entendida da seguinte maneira, em certo terreno as rosas nascem com toda sua exuberância, já as tulipas nem chegam a florir. Dependendo do nosso terreno, determinadas cadeias florescem mais ou menos, forjando posturas correspondentes.

A leitura corporal do Método GDS de Cadeias Musculares e articulares é orientada por dois eixos: da personalidade e relacional representados na figura 13.

Eixo vertical ou da personalidade

Nele estão localizadas as cadeias musculares que informam características mais individuais da pessoa. Do ponto de vista da biomecânica, são músculos relacionados à coluna. As observações são realizadas de perfil e as oscilações podem ser para frente, para trás, para cima e para baixo.

Cadeias

- Posteromedianas (PM) – sustentam a postura na projeção anterior do centro de gravidade, a partir do tornozelo.

- Anteromedianas (AM) – sustentam a postura na projeção posterior ao centro de gravidade, com a tíbia voltada para trás do eixo vertical (agem na adução).

- Posteroanteriores (PA) e Anteroposteriores (AP) – uma estrutura muscular que oscila para cima (PA) e para baixo (AP), no eixo vertical do corpo.

Eixo horizontal ou relacional

Tem a ver com a forma como as pessoas se relacionam os mundos (interno e externo). São músculos presentes, predominantemente, a partir dos movimentos da bacia e dos ombros, pois são responsáveis pelas rotações internas e externas dos membros superiores e inferiores. Identificamos as alterações dessas posturas de frente para a pessoa.

Cadeias

- Posterolaterais (PL) – realizam rotações laterais e abdução.

- Anterolaterais (AL) – realizam rotações laterais.

Figura 13 – Mitos nos eixos vertical e horizontal GDS[28]

---

[28] Desenho criado por Guran, a partir da imagem de Denys-Struyf (CAMPIGNION, 2003, p. 37).

70

Ritmo e bipedia

De maneira simplificada, o ritmo no nosso corpo é o resultado da alternância entre movimentos de contração e distensão, retração e expansão, em relação aos mundos. O que se propõe com o Método GDS de Cadeias Musculares é buscar um **corpo rítmico**, de forma que a expressão corporal possa ser consequência da ação harmoniosa entre as cadeias e suas expressões (tipologias das cadeias). E, para tal sincronicidade, a tensão muscular precisa passar por todos os músculos de forma coordenada, sem excesso ou carência. Da mesma maneira, as nossas expressões precisam variar, conforme as situações do dia a dia. Imagina uma pessoa sempre feliz, sempre em expansão, o "sempre" acaba por ganhar o sentido de rigidez. Estamos em 2017 e temos acompanhado o triste resultado de atitudes rígidas e engessadas, sejam elas em que campo for. No mundo iorubá, quem mantem a harmonia e o equilíbrio entre os opostos é Oxumarê. Hoje, mais que nunca precisamos da presença do Senhor do Arco-íris.

Ficar de pé demanda um equilíbrio danado, tanto que os estudos sobre a evolução das espécies, da nossa espécie em particular, demonstram a importância do equilíbrio de tensão entre as cadeias musculares.

Talvez você já tenha visto ou passado por essas situações:

– Seu ombro sobe demais quando você escova os dentes.

– Suas costas parecem uma tábua de passar roupa, retas e duras.

– O professor comentou que era preciso fazer exercícios para "fortalecer" o seu abdome, isso diminuiria as dores nas costas.

É isso o que acontece quando uma cadeia invade o terreno (de predisposição) da outra, o corpo se desequilibra para a bipedia e realiza movimentos pouco econômicos.

Da mesma forma, o criador dos orixás, Olodumare teve o cuidado de manter o equilíbrio de forças entre eles, de maneira a não haver dominância de um deus sobre outro e de um elemento sobre o outro, na natureza.

Uma intervenção

Estou voltando a esta parte do livro após dois anos de sua conclusão, em meados de 2017. Nos cursos que ministrei sobre o Mito e o Músculo e nas leituras que os amigos fizeram do livro, uma pergunta sempre aparecia. "E o orixá tal, por que ele/ela não aparece aqui?".

Retomo à figura 10, na qual as imagens das duplas – mito e músculo – são representadas, para explicar o que ficou faltando. Desde janeiro de 2016, quando comecei a relacionar as danças dos orixás com as cadeias musculares, muitas dúvidas surgiram até a configuração apresentada no presente livro.

Duplas – Mito e Músculo – definidas

- Exu – Cadeia Anteroposterior (Exu-AP)

- Ogum – Cadeia Posteromediana (Ogum-PM)

- Obaluaê – Cadeia Anteromediana (Obaluaê-AM)

- Xangô – Cadeia Posteroanterior (Xangô-PA)

- Iansã – Cadeia Posterolateral (Iansã-PL)

- Oxum – Cadeia Anterolateral (Oxum-AL)

A Dança Afro-brasileira de Mercedes foi o pivô de tudo. Durante a dança do orixá Ogum o meu corpo percebeu que uma família de músculos era a responsável pela expressão gestual daquele deus. O que isso quer dizer? Simplesmente, que eu li os traços dos meus gestos (razão) e juntei dois conhecimentos instantaneamente. Mas por que a definição das duplas apresentada neste livro não pode ser outra, com mais orixás?

Desconfio que os perguntadores sentiram que seus orixás estavam sendo injustiçados ao serem deixados de fora do meu trabalho. Para quem não é da religião fica difícil entender que, por amor ao orixá, levantamos bandeiras e lutamos. Mas tranquilizo a nação, pois Oxalá, Nanã, Iemanjá, Oxossi, Ewá, Ossaim e Obá são citados nas lendas iorubá apresentadas no decorrer das páginas. Apenas esclareço que nas suas danças não há predominância de ações musculares de **uma** família muscular específica. Oxossi é um bom exemplo para explicar as dúvidas que surgiram. No início da associação entre a Dança Afro-brasileira e o Método GDS, o Senhor da Caça, como Oxossi também é conhecido, foi relacionado a uma cadeia GDS. Apesar de projetar o corpo para frente (cadeia Posteromediana), o bailarino cria gestos que apontam para um alvo, com um imaginário arco e flecha. Tal expressão do caçador é realizada a partir da tensão dos músculos da cadeia Anterolateral (AL). Mas por não ser uma expressão absoluta da dança do orixá, coube à dança de Oxum a associação com a Cadeia AL. Da mesma maneira, Iemanjá dança com altivez da cadeia Posteroanterior (PA), mas às vezes, em gestos ondulados, o corpo da bailarina solicita os músculos da família Anteromediana (AM). Assim, mais altivo nos gestos, a dança de Xangô ficou associada à cadeia PA. Outra dúvida, Oxalá ou Obaluaê, qual dos dois representaria a cadeias Anteromediana (AM)? Como Oxalá, praticamente, caminha sob um pano branco, seu Alá, optei pela dança de Obaluaê, pois na maior parte do tempo (em cena) o bailarino fica com a coluna arredondada projetando o corpo para a terra.

Caso eu tivesse começado pelos mitos, as dúvidas seriam menores. Chega a impressionar como as representações mitológicas dos orixás são afinadas com as tipologias criadas por Godelieve.

Leitores, a intervenção foi tardia, mas necessária.

EXU E CADEIA ANTEROPOSTERIOR (AP)

Figura 14 – Expressão de Exu[29]

___

[29] Fotografia de Marco Carvalho e ilustração de Tauan Carmo

MITO

Exu é o início de qualquer movimento, o que transforma. Ele é o "entre", o comum, é a própria comunicação.

Os mitos sobre este orixá falam do seu aspecto contraditório, são histórias nas quais encontramos uma divindade potente, capaz de criar e realizar as maiores confusões, mas ao mesmo tempo de solucionar os mais difíceis problemas. A constante mudança como característica fundamental cria um terreno fácil para Exu assumir, por um lado, a postura inteligente, repleta de astúcia e sutileza, optando por caminhos indiretos, sem entrar em confrontos diretos, fazendo lembrar os capoeiristas que gingam para lá e para cá, confundindo o seu adversário, e pow!, do nada sai um golpe inesperado e certeiro. Por outro lado, o orixá que mora nas encruzilhadas, nas portas e nos caminhos, pode, de uma hora para outra, tornar-se incontrolável em sua ira. São os momentos em que ele abandona as gentilezas e age com obscenidade, violência, divertindo-se em provocar discórdia e disputas entre amigos.

Por ser a própria comunicação e o gerador de movimento, suas alterações repentinas dificultam qualquer tentativa de defini-lo. Fazendo uma **exuzice**[30] com as palavras dos Titãs, *Exu não é o que não pode ser, **mas é***. Por essas e outras, é bom agradá-lo, tê-lo próximo como parceiro, e desistir desse negócio de entender Exu. O que precisamos saber é que sem ele nada se altera, somente Exu pode transformar. Um dito muito comum do povo de santo é *"Exu é aquele que mata uma ave ontem, mas com a pedra que atirou hoje."*[31]. Eu, então, não procuro entender, se for para fazer algo em relação a ele, prefiro mimar e acompanhar, até porque; nesse aspecto, Exu me faz lembrar Riobaldo. Desde o início do livro *Grande Sertão: Veredas*, uma obra com a narrativa tão espinhosa, quanto deliciosa, eu senti

---

[30] Exu, por seu caráter exagerado e ambíguo, é o único orixá que não terá distinção entre o excesso de suas características e o próprio orixá. Pois ao final dos capítulos, para cada um dos deuses, eu criei um substantivo com o sufixo *zice*, que fala dos excessos por deles cometido.

[31] Uma das exaltações (*oriki*) feitas a Exu.

que não era para tentar entender o Riobaldo ao pé da letra, esse "cabra" era bom de acompanhar no ritmo dele – *O corpo não traslada, mas muito sabe, adivinha se não entende*[32] – só no ritmo!

No mundo sagrado dos Iorubás, antes de quase todos os *ebós* (oferenda) serem entregues, como diz o meu irmão, *"Tem que ter Exu!"* Outro aspecto presente nas lendas dos orixás é a obrigatoriedade que os homens e as divindades têm de alimentar Exu antes de qualquer pedido ou festa. Somente depois de alimentado e agradado, ele se torna parceiro, pronto para mediar a comunicação dos homens com os orixás e entre eles também. Exu é a *Boca que Tudo Come*.

---

[32]   Rosa (2001, p. 45).

Oxalá é ajudado por Exu

Figura 15 – Oxalá, o Criador – apoiado em seu cajado (*opaxorô*) e protegido pelo pano branco (*alá*)[33]

---

[33] Fotografia e ilustração de Tauan Carmo.

Do livro de Prandi, escolhi o mito *Exu ganha poder sobre as Encruzilhadas*, para ressaltar dois assuntos referentes ao orixá: a comida e a morada.

Exu era pobre, sem ocupação, perambulava pelo mundo, não havia qualquer compromisso que o prendesse a uma atividade ou região. De uma hora para outra, Exu passou a frequentar a casa de Oxalá, que paulatinamente foi ficando cada vez mais ocupado com a tarefa de fabricar seres humanos para povoar o *Aiê* (Terra). Mesmo sem muito tempo, o velho orixá recebia muitas visitas que levavam *ebós* e se encantavam com sua criação e, portanto, Exu não era o único a frequentar aquela casa.

> *Exu ficou na casa de Oxalá 16 anos.*
>
> *Exu prestava muita atenção na modelagem*
>
> *e aprendeu como Oxalá fabricava*
>
> *as mão, os pés, a boca, os olhos, o pênis dos homens,*
>
> *as mão, os pés, a boca, os olhos, a vagina das mulheres.*[34]

Durante todo esse tempo, sem fazer qualquer pergunta ao nosso criador, Exu colocava-se sempre atento a cada detalhe, até que aprendeu tudo.

> *Um dia Oxalá disse a Exu para ir postar-se na encruzilhada*
>
> *por onde passavam os que vinham à sua casa.*
>
> *Para ficar ali e não deixar passar quem não trouxesse*
>
> *uma oferenda a Oxalá.*[35]

Cada vez mais ocupado na produção de homens e mulheres, Oxalá pode se dedicar mais ao seu trabalho graças à ajuda de Exu. Por causa do grande zelo que teve ao cumprir seu papel, recebendo *ebós* e oferendas, protegendo a casa, além de ter o conhecimento necessário para contribuir no trabalho de Oxalá, este o presenteou por gratidão e reconhecimento. Ao entrar e sair da casa do velho

---

[34] Prandi (2016, p. 40).

[35] *Ibidem*, p. 40-41.

orixá, o visitante teria que dar algo a Exu, que estaria lá guardando a casa de seu mestre.

> *Armado de um ogó, poderoso porrete,*
>
> *afastava os indesejáveis*
>
> *e punia quem tentasse burlar a sua vigilância.*
>
> *Exu trabalhava demais e fez dali a sua casa,*
>
> *ali na encruzilhada.*
>
> *Ganhou uma rendosa profissão, ganhou seu lugar, sua casa.*
>
> *Exu ficou rico e poderoso.*
>
> *Ninguém pode mais passar pela encruzilhada*
>
> *sem pagar alguma coisa a Exu.*[36]

Exu, como estamos vendo, é a corporificação do *entre*, do *comum*; ele é a relação entre tudo que há no *Orum* (morada dos orixás) e no *Aiê*. Ou seja, é a entidade que está em todos os lugares onde houver comunicação é movimento transformador, o que leva e traz fazendo ajustes entre todos. Você sabia que todos os Orixás têm um Exu?

Exu entre os homens

Nos seres humanos, o arquétipo ou o padrão desse orixá é encontrado, por exemplo, na jogada genial de um atleta de futebol como Mané Garrincha, na figura 15, quando criava aquele instante preciso que escancarava a defesa do adversário, e este, sem saber o que fazer direito, resignava-se a assistir o Mané de pernas tortas, bola presa em seus pés, driblando e avançando em direção ao gol. No momento em que Garrincha pegava a bola o estádio urrava de prazer; antes mesmo de começar o show de dribles, todos já sabiam da relação de intimidade entre eles. Coincidência ou não, *exu* em iorubá significa **esfera**. Nelson Rodrigues, em 1966, disse que "*O jogador medíocre faz futebol de primeira, o craque [...] prende*

---

[36] *Ibidem*, p. 40-41.

a bola como uma orquídea de luxo"[37], Exu é Mojubá! Mojubá é uma saudação que exalta e reconhece a grandeza de Exu!

Figura 16[38] – As Esferas

Antônio Simas, Luiz Rufino[39] e Muniz Sodré[40] falam sobre a maneira como a pausa entre dois tempos do samba (tum! – tum!) pode ser preenchida alegremente por sons e passos, de maneira que somos levados a movimentos, dos mais amplos até o discreto batucar de dedos. Bem diferente da relação estabelecida com o tempo binário de alguns toques marciais. Tais autores chamam a atenção para a forma como os sambistas, impulsionados por Exu, agem nessa inventividade sonora e corporal, preenchendo os

---

[37] Rodrigues (1993, p. 119).

[38] Rui Barana cria a imagem Esferas Exu-AP, a partir da fotografia de Agência O Globo.

[39] Curso A ciência encantada das macumbas, no Centro de Preservação Cultural da Arte Capoeira, Rio de Janeiro, em 2016.

[40] Sodré (1998).

períodos "entre tuns" com batucadas e músicas, numa frenética e harmoniosa explosão de pés, bundas, pernas, braços, peitos, tudo manifestado em séria alegria.

Grosso modo, Zeca Ligiéro também identifica um quê de *exuzice* na rica construção da cultura afro-brasileira. Para ele, ao empregar a palavra *motriz* em vez da costumeira *matriz africana*, para se referir às riquezas das performances brasileiras. O professor-artista ressalta a diversidade e o dinamismo entre os elementos culturais africanos, em combinação com os de outras culturas, em território brasileiro. São várias origens africanas, não há uma linearidade, ou seja, não existe uma simples origem, pelo contrário, as motrizes africanas são as relações vivas entre várias culturas daquele continente.

Exu é a recombinação de forças que impulsionou a nossa formação, os negros que chegaram ao Brasil eram de origens étnicas diferentes, aqui eles se reinventaram para fortalecer e preservar suas culturas. Assim, várias transformações precisaram ser incorporadas aos elementos culturais africanos no Brasil. Eu acho lindo quando o Zeca Ligiéro diz que *"para o africano que aportou no Brasil, não era novidade a troca com outras culturas como forma de desenvolvimento e fortalecimento da sua própria cultura."*[41]. É assim que Exu age, no eterno descontínuo.

---

[41] Ligiéro (2011, p. 170).

Figura 17 – Cadeia Anteromediana[42]

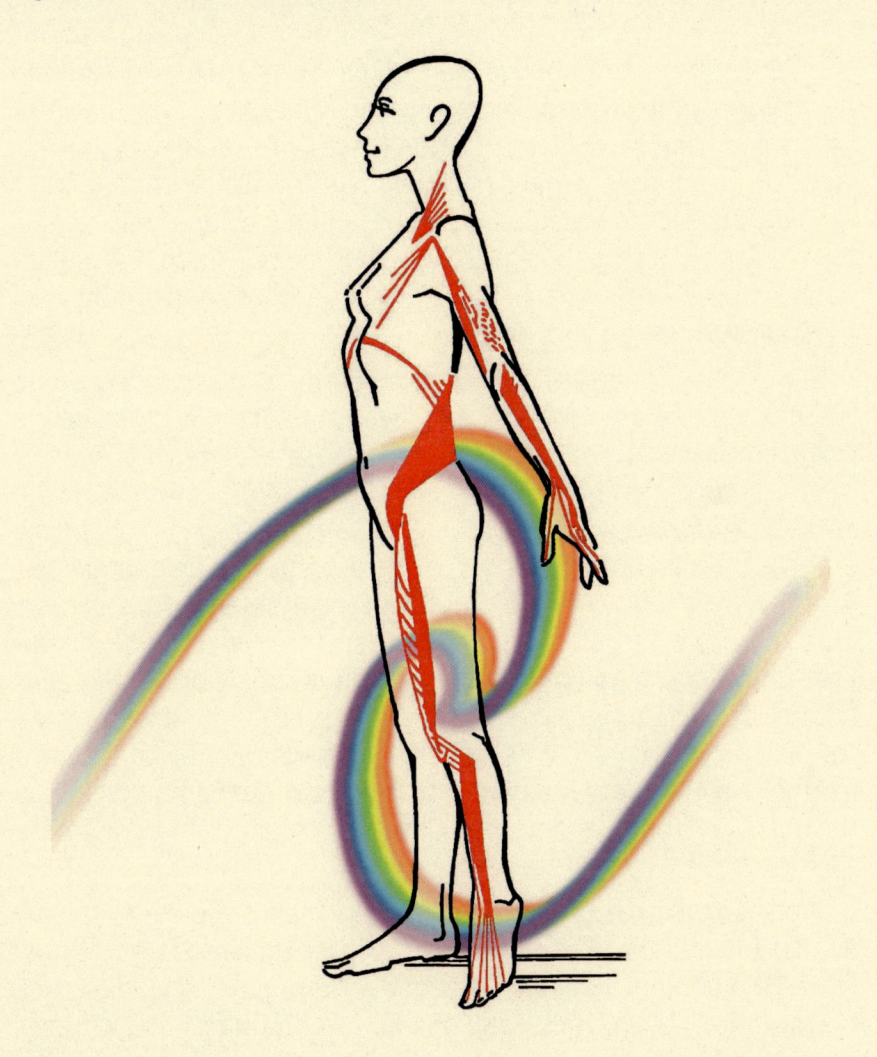

---
42   Desenho criado por Guran, a partir da imagem de Denys-Struyf (1995, p. 69).

85

MÚSCULO

O Método GDS batiza de Cadeia Anteroposterior (AP) os músculos responsáveis pela passagem de tensão que circula entre as cinco cadeias musculares. Eu não sei se você sabe, mas os músculos precisam de energia para movimentar o esqueleto e manter em funcionamento toda essa delicadeza que é o corpo humano. A força que nós fazemos para piscar os olhos, por exemplo, é resultado da transformação dos alimentos que ingerimos, em combustível gerador de vida, ou seja, energia.

A nossa conversa, agora, talvez ganhe um ar de década de 70, meio paz e amor, meio sexo livre, mas acredite, é ciência e com comprovação teórica. Sabe aquelas frases: "*deixa a energia rolar*", "*sente a energia*", "*ela é a maior energia*"? Pois é, isso é 50% "*papo paz e amor*". O que eu quero realmente é chamar a atenção para os outros 50%. Ou seja, a circulação de energia que acontece por todo o corpo, quando executamos qualquer movimento, ou um simples gesto (movimento com intencionalidade). Esse fenômeno mágico, o movimento humano, acontece graças à articulação de tensão que existe entre as famílias musculares de todo o corpo. É como se as seis famílias fossem unidas pelo amor (o amor é a energia que circula), quando se mexe com uma família de músculos, todas as outras famílias participam de alguma forma do movimento.

O **ditado de corpo** a seguir é o mais simples de todos; apenas preste atenção quando você estiver escovando os dentes. Observe o conjunto de músculos que entram em ação – além dos braços, mãos, boca, você pode ou não fazer muita careta; às vezes seus ombros sobem; a cabeça pode balançar, indo para frente, para os lados ou para trás; é um mundo de contração muscular só para você escovar os dentes. Percebe o encadeamento muscular? Quem distribui a energia para alimentar todos esses músculos são alguns músculos da Cadeia AP. Essa ideia de uma cadeia específica com a função de fazer a tensão circular foi criada pela Godelieve, a partir de muita pesquisa e sensibilidade (ela foi desenhista, além de fisioterapeuta, não se esqueça!). Portanto, estamos falando de algo objetivo e humano.

Além da circulação de energia, a cadeia AP também atua nos ajustes posturais, coordenando o equilíbrio de nossa bipedia, e é esse o ponto que eu vou destacar durante a dupla Exu-AP. Veja bem, entenda o sentido de postura como as atitudes que tomamos durante a vida (fruto da associação corporal e psíquica). Por exemplo, diante de um estímulo é mais fácil você se lançar à frente, recuar, refletir ou dialogar? Como a Godelieve afirmava que *o homem é uma estrutura em pé*, então as nossas observações são sempre a partir da pessoa de pé. Mas agindo na **exuzice**, observe a sua postura quando sentado, leitor, também vale para os momentos no banheiro, hein! Você relaxa e joga as costas para trás, ou fica projetando a coluna para frente, com o sacro/rego subindo? Ok, depois compare com a postura de pé, é muito diferente?

O equilíbrio dinâmico entre cabeça (massa cefálica), cervical, parte superior do tronco (massa torácica), lombar e bacia (massa pélvica), isso, sobre pernas e pés que não param e dois braços sempre em busca de coisas mais distantes (figura 18), definitivamente, requer um fogo que gere energia. A função da cadeia AP é gerar movimento para que aconteçam os ajustes posturais que equilibram todo esse corpo dinâmico.

Outro **ditado de corpo**. Fique de pé e amasse uma folha de papel, jogue no chão a bolinha e, agora, pegue essa bolinha. Observe como a cadeia AP permite as alterações corporais para mudanças de posições.

Figura 18 – Equilíbrio entre as massas GDS e ajustes das intermassas, áres de Exu[43]

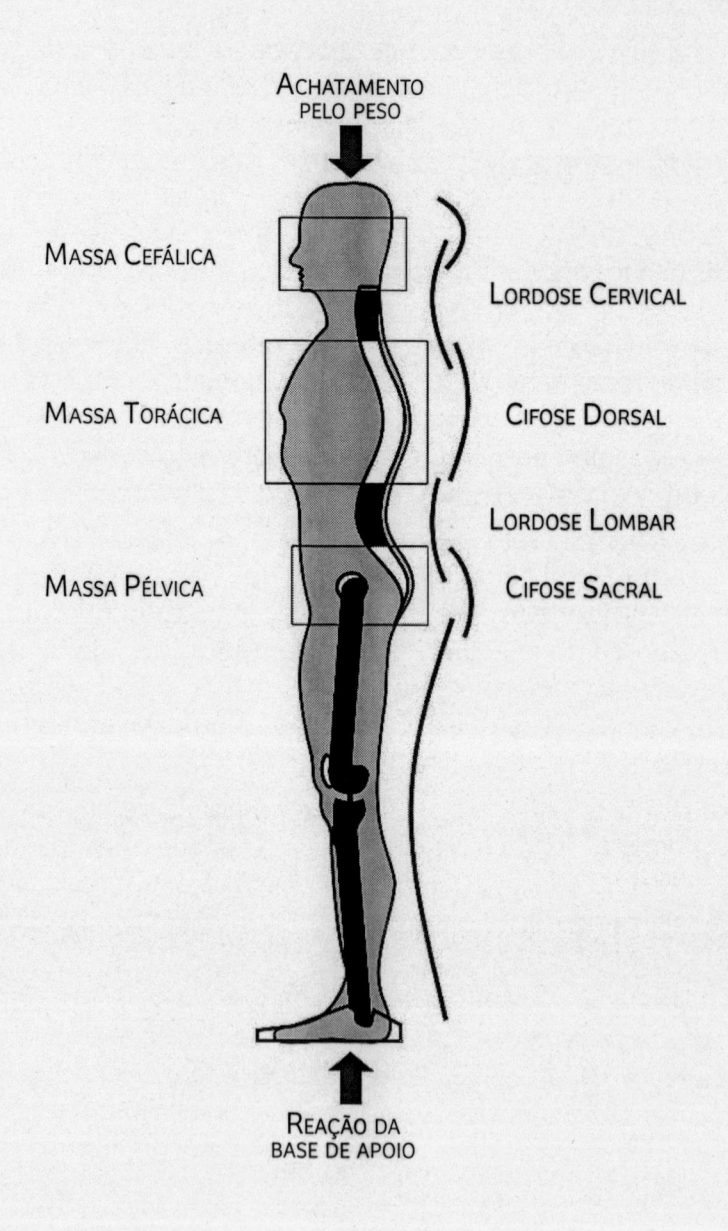

Outra informação que preciso passar sobre a estrutura AP é a sua função rítmica. AP é uma cadeia complementar à cadeia PA (Xangô). Iiiiih, essa confusão é das boas! Mas como eu sou uma pessoa romântica e *inventadeira* de moda, igual à amiga Estela[44], criei uma cena para discutir a relação de PA e AP.

Tem casal que ninguém acredita como pode dar certo. Um é dinâmico, impulsivo, aparentemente desatento, divertido, infantil e pirracento, já o outro é mais sério, altivo, centrado e até meio rígido nas suas atitudes idealistas, tanto que parece arrogante. Incrível, tinham tudo para se separar logo no primeiro encontro, mas não, vivem em uma parceria dinâmica há anos. O casamento entre as cadeias PA e AP é assim, elas vivem como todos os casais que pulsam juntos, formando uma família organizada. O segredo é que cada cadeia respeita o tempo da outra, criando um ritmo do casal. Ah, o ritmo do amor!

Enfim, vamos ao **ditado de corpo** de uma das cumplicidades do casal (figura 19).

- **Momento A – inspiração**

- **Momento B – expiração**

Como uma coreografia, em cada momento treine os movimentos (1, 2, 3) **isoladamente**, depois tente associar dois movimentos, para então chegar aos três ao mesmo tempo.

---

[44] A Estela é uma amiga que faz poesia e se ofereceu para ler em primeira mão este livro, é uma amiga-revisora. Quando foi minha aluna, durante as aulas, ouvíamos o *cd* infantil, *A Festa no Céu*. Ela tem uma cadeia Exu-AP adorável!

A. Inspiração

1. Empurre o chão com a borda externa dos calcanhares, dedinhos e dedões.[45]

2. Estenda os joelhos, não deixe o sacro subir (ponha a mão sobre o osso e a deslize para baixo – não empurre para frente – é para o chão). Tem que usar o abdome como se estivesse fazendo o *número 2*, ou pigarreando, ou rindo com o som rá-rá-rá saindo da barriga.

3. Leve o cocuruto (o ponto mais alto da cabeça) para o teto, não é a testa. Deixe o pescoço reto. Para facilitar, equilibre uma almofada na cabeça, como uma coroa.

B. Expire

1. Continue com os mesmos apoios, mas sem empurrar o chão, e os joelhos já não estão totalmente estendidos.

2. Solte a musculatura do abdome e deixe a curva da lombar aumentar.

3. Relaxe o pescoço e a posição da cabeça, também aumentando a curvatura da cervical.

Tente realizar inspirações e expirações, sem pressa, para que você perceba como a respiração muda a sua postura. Tais alterações são fundamentais para as nossas posturas, pois a forma como nos equilibramos (qualquer posição) varia segundo as condições do instante.

---

[45] "Calcanhar, dedinho, dedão" é um mantra falado em quase todas as minhas aulas. Tem o objetivo de lembrar aos alunos dos três apoios necessários para realização de uma boa marcha, ou seja, organização dos membros inferiores e da bacia, durante a caminhada.

Figura 19 – Vinho inspira vermelho expira

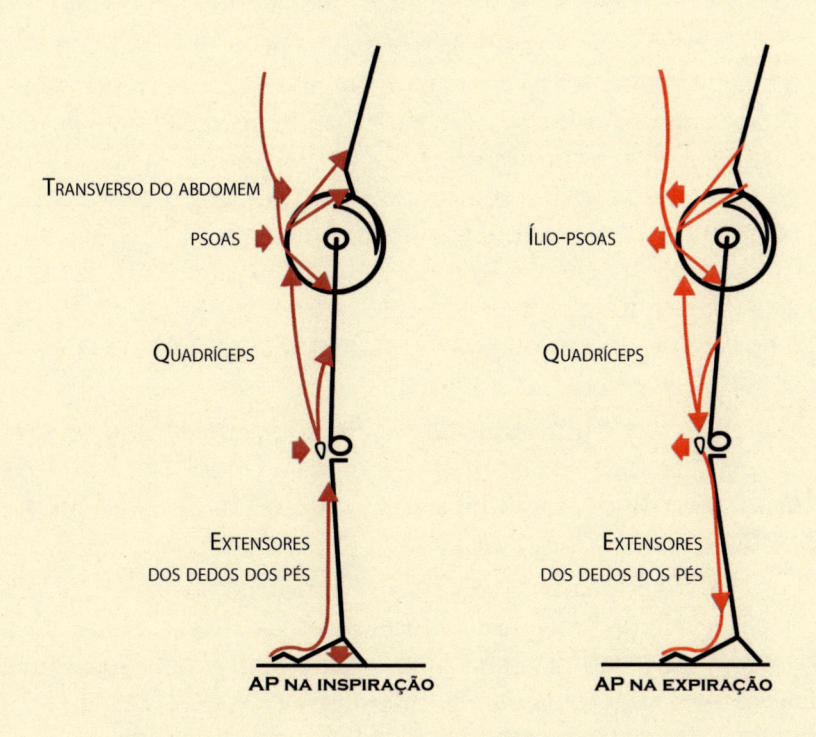

Na **inspiração** ocorre uma aparente "retificação" da coluna: pescoço, torácica (altura das costelas) e lombar (altura da cintura/ umbigo). É justamente na inspiração que alguns pequenos músculos ao se contraírem, elevam o corpo no sentido contrário à força da gravidade. Estou adiantando um pouco, pois essa é a atitude Xangô-PA e ainda vou chegar lá. Imagine uma seta virada para cima indicando o sentido que o corpo se move, quando essa cadeia se contrai.

Na **expiração,** quando os músculos que suspendem o corpo deixam de agir, é preciso ter uma família de músculos que sustente o corpo e dê uma base de equilíbrio dinâmico para realização de ajustes necessários a cada alteração de postura. Nesse caso, podemos dizer que a seta está virada para baixo, mas com a função principal de sustentar e regular as novas posições do corpo (uma seta que não puxa para baixo, apenas sustenta).

Além das alterações entre inspiração e expiração, o corpo passa por frequentes e inúmeras variações posturais. Dessa maneira, os músculos da Cadeia AP, que atuam na recuperação do equilíbrio a qualquer alteração postural, precisam ficar alertas. São os músculos Exu-AP que entram em funcionamento para que o corpo volte ao eixo[46] vertical ascendente (de novo, entra em ação a Cadeia PA, com a **seta** para cima, elevando o corpo). O jogo entre as famílias Exu-AP e Xangô-PA é um pisca-pisca imperceptível, subimos e descemos em alternâncias infinitas, quando Xangô-PA apaga, Exu-AP acende, e vice-versa, eternamente.

A Cadeia Anteroposterior (AP), como havia dito, é aquela que permite todas as alternâncias e ajustes necessários ao nosso corpo, impedindo, assim, o enrijecimento em uma determinada postura ou comportamento.

Para o Método GDS, a pulsão/motivação que nos leva à criação é alimentada pelas alternâncias da vida, porque, se nos fixarmos num padrão, seria tudo uma infinita repetição. A família Exu-AP é muito rápida para entrar em ação e realizar as alterações necessárias; é só se lembrar dos dribles do Garrincha.

A posição do sacro quando uma pessoa tem a presença marcante das famílias PA AP é neutro, ou seja, busca a vertical, na *imagem* de uma tábua.

Os músculos da alternância

Chegou a hora de apresentar os músculos mais importantes da Cadeia AP, e a figura 19 representa o encadeamento de músculos da família AP na expiração.

1. **Quadríceps**

2. **Psoas e Ilíaco**

---

[46] Quando você está em pé uma reta imaginária passa no meio do seu corpo, no sentido da cabeça aos pés: o eixo vertical.

3. **Quadrado Lombar**

4. **Diafragma**

5. **Esplênios**

6. **Escalenos**

Os seis músculos que citei estão diretamente associados aos ajustes necessários às alterações de postura, ou seja, ajustes que nos permitem envergar e não quebrar. Olha o que o compositor Lenine escreveu sobre uma possível atitude AP.

Em tempos de tempestades

Diversas adversidades

Eu me equilibro, e requebro

É que eu sou tal qual a vara

Bamba de bambu-taquara

Eu envergo mas não quebro.[47]

E o diafragma, o que falar? Por ser um músculo meio complicado e a nossa proposta é tornar as informações mais simples, acho melhor ser breve ao tocar nesse assunto, o nosso guarda-chuva abdominal. Vamos experimentá-lo na contração ao inspirar fundo, na ação das costelas se elevando e abrindo espaço interno, junto à subida do peito, abertura das costelas e a projeção do umbigo para frente (o ideal seria abrir mais os espaços laterais e posteriores, mas para o adulto é necessária uma iniciação nesse movimento, quer dizer, uma recordação dos tempos de infância). Ao suspirar, sentindo um alívio, o espaço interno diminui, o diafragma relaxa e o peito desce. Tem gente que não consegue sentir o alívio na expressão de baixar o peito e as costelas. Se alguém não pode sentir alívio, tem alguma coisa presa nessa região.

Atenção: para *sentir* o diafragma fique atento à altura das costelas. Quando a barriga está crescendo na inspiração, este mús-

---

[47] LENINE e RENNÓ. **Envergo, mas não quebro**. Rio de Janeiro: Universal Music, 2011. Disponível em: https://www.youtube.com/watch?v=Q0CLBFzo7dc. Acesso em: 5 jun. 2019.

culo desce um pouco, mas continua lá em cima, entre o coração e o fígado, ele não chega até o umbigo, hein!

Emoção e movimento

Você está lembrado de quando eu menciono, lá no início, a importância dos movimentos e das emoções para os bebês?

Mas o que é emoção, afinal? É a energia que circula no campo psíquico e não pode ser tocada, nem vista. Ou seja, é uma força que age na dimensão do pensamento, dos afetos, dos sentimentos. Mas a emoção pode ser vista quando se manifesta no corpo, quando circula entre as cadeias musculares. São elas que despertam determinada atitude, movimento, expressão. Os nossos amigos e familiares são pessoas que percebem quando algo nos acontece e, mesmo sem haver qualquer conversa, eles perguntam: — Tá tudo bem? Pois é, quando isso acontece, eles estão vendo a manifestação, no corpo, das nossas emoções.

Um exemplo de ação puramente emocional foi quando decidi conhecer a "Madame Struyf" (muitos chamavam a Godelieve assim). Do nada resolvi tocar a GDS, de repente inventei e pronto. Claro que precisei viabilizar uma infraestrutura para viajar e ficar um tempo por lá fazendo cursos (foi a cadeia Ogum-PM que realizou o sonho; mais à frente eu conto).

O momento era ideal e me empenhei de várias maneiras. Mas o meu sonho era "só" chegar em Bruxelas, declarar minha admiração pelo Método GDS e dizer que a criação dela tinha mudado o curso da minha história. Foi assim, eu ensaiava umas frases em francês, inúmeras vezes, no final o básico era isso: — *Oi, meu nome é Wanja e a senhora é uma pessoa muito importante para mim.*, *seu método mudou a minha vida, estou muito feliz blábláblá...*. Pronto!

Com apoio da Renata Ungier e da Lori Campignion, saí do Rio e fui direto para Bruxelas. Cheguei à Bélgica em maio, já com uma entrevista marcada com a Godelieve para aquela semana mesmo, acabou que houve uma mudança, mas eu não desisti.

O meu francês não era lá essas coisas, o que não tinha tanta importância, porque só precisava conhecer a minha musa, falar aquelas frasezinhas rápidas, entregar um mimo brasileiro (uma *abayomi*, ou seja, boneca feita de retalhos, sem costura, do tipo que as negras escravizadas faziam para as crianças nos navios que comercializavam gente), passear um pouco pelo *Institut des Chaînes Musculaires et Techniques GDS* e ir embora feliz da vida. Uau, eu fiz quase tudo isso!

Na hora em que Madame Struyf chegou, me deu um desespero, fui tomada por uma *coisa* intensa e sem explicação, e quem disse que eu consegui falar o texto decorado? Comecei a chorar e não parei mais. Pois bem, esse cenário seria um grande mico, se eu somente racionalizasse as coisas da vida. Imagina! Concretizar a ideia de conhecer alguém importante, investir dinheiro, tempo, deslocamento e ajuda de terceiros, para não conseguir desenvolver quatro frases com a pessoa... No entanto, eu entendo que as nossas ações não são regidas só pela razão; no final, depois de tanta objetividade no planejamento e na concretização do sonho, minha emoção pregou uma peça, coisa de Exu! E foi dessa maneira que o encontro pode acontecer, a Godelieve ali na minha frente, toda acolhedora e eu aos prantos! Ela sorria calmamente e dizia, entre outras coisas que nem me lembro – *Ah, o **AP** dos brasileiros!*

Você percebe a manifestação da impulsividade/emoção nessa história? Graças a uma transformação, do nada, um grande desejo gerou uma forte emoção, e o movimento se materializou na ousadia Exu-AP. Eu tinha pouca grana, não conhecia viva alma na Bélgica, mas me lancei emocionalmente na viagem Ogum-PM. Conversei com meus botões para saber se aguentaria uma viagem, nesse momento Obaluaê-AM, fui para dentro de mim e analisei se tinha condições psicológicas de enfrentar a realização de tamanho sonho. Quando acreditei no sonho de conhecer uma pessoa que tinha idealizado tanto, planejei antecipadamente o máximo que pude planejar, um verdadeiro Xangô-PA. A concretização da viagem, quando me lancei na execução do projeto, tudo voltou a Ogum-PM). Uma verdadeira **Onda GDS**, mas esse conceito só aparece no último capítulo.

Figura 20 – Dança de Exu[48]

DANÇA

Nos ensaios de nosso grupo de Dança Afro-brasileira, o *Olubajé*, havia ocasiões em que tínhamos de repetir inúmeras vezes determinados movimentos para consertar os erros das coreografias, mas a duras penas. Certa vez, me lembro, foi necessário o uso de joelheiras, porque as articulações dos joelhos ficavam apoiadas no chão por muito

---

[48] Foto e ilustração de Vander Borges.

tempo e, ainda realizávamos giros sobre elas. Era uma montagem coreográfica de Exu.

A inconstância própria do orixá manifesta-se durante toda a dança, às vezes são executados movimentos lentos, quase caricaturais, insinuando obscenidades, principalmente quando o bailarino simula o porrete de Exu em forma fálica, o *ogó*, com o antebraço rígido na frente do corpo, palma da mão virada para cima e fechada. Em outros momentos, os passos realizados para o orixá das transformações e da comunicação, demandavam muito dinamismo das dançarinas e dançarinos, que realizam corridas, saltos, repetidas flexões dos joelhos, tudo isso para deixar a bacia solta, em performances de excessiva ginga ou requebros sensuais.

Era frequente a realização de danças com variações de passos do plano médio para o plano alto, e sempre de maneira vigorosa. Expressões que cobravam dos bailarinos intenso apoio de joelho no chão, ou de repetidas flexões e extensões dessa articulação, isso, para gerar impulsão e o artista ganhar as alturas. Uau! O meu corpo se contrai só de lembrar, pois os joelhos e a musculatura da coxa, especificamente o quadríceps, sofrem demais. Esse poderoso conjunto de músculos é o responsável por aguentar a barra na hora da descida, sustentando o corpo em movimentos de flexão de joelhos associados a movimentos do tronco. Além de impedir a queda (articulando os joelhos), o quadríceps facilita o molejo no corpo que favorece o deslocamento do dançarino pelo espaço com certo ar de malícia, assim como, é responsável por corridas e saltos que cortavam o ar. Interessante que, em função de outros movimentos, como soprar as palmas das mãos, minha lembrança me leva a uma sequência de Exu que tem uns 20 anos, e que nem chegamos a levar para o palco – uma pena!

Os símbolos do orixá são o *ogó* e umas cabaças pequenas onde Exu guardava suas magias. Portanto, a ação de soprar as palmas das mãos, enquanto os joelhos se mantinham flexionados a quase 90 graus, representava o orixá jogando seus feitiços pelo mundo, ou em alguém. Exu tem o poder da magia.

Em algumas composições de dança dedicadas a Exu, outras entidades também podem ser mencionadas por meio de gestos de mulheres sedutoras, requebrando e flertando com a plateia (figura 20). Ou, ainda, homens representando malandros que sambam ou gingam, sempre com muito jogo de cintura.[49] É por isso que quando dizemos que tal fulano vai ter que rebolar para conseguir aquilo, falamos de uma atitude típica da tipologia Exu-AP. Pois a tendência trabalhosa de realizar os ajustes e não agir diretamente sobre um fato, é uma atitude de Exu-AP.

Nos espetáculos em que são feitas danças de Exu, orixá que representa o excesso, a falta de limites, como os bêbados, as danças têm passos que brincam excessivamente com o desequilíbrio e equilíbrio dinâmico, Exu balança, mas não cai. Mas como diz a música de Vinícius e Baden: *"E se um dia ele cai, cai bem! [...]"*.

O mito Exu e a Cadeia AP falam do jogo de cintura e da emotividade, daquilo que não pode ser pego, nem controlado. A dupla Exu-AP é a corporificação do "entre" e se manifesta nos seres humanos desde sempre; é, portanto, uma divindade que nos oferece o ritmo e nos convida à dança, já nos primeiros movimentos realizados em nossa concepção. Portanto, não estranhe se souber que uma criança é filha de Exu.

Exu é orixá!

Loroyê, Exu!

Viva o fogo de AP!

---

[49] Pombagiras (como Maria Padilha, **Cigana**, Dona Rosa) e Exus como Tranca Rua, Tiriri, Seu 7, Seu Zé Pelintra e os Malandros) são entidades cultuadas especialmente na **umbanda**, assim como caboclos, pretos-velhos e crianças. São três as grandes origens dos candomblés: **iorubás** cultuam os orixás; **bantos** cultuam aos inquices; **jejes** reverenciam os voduns. E essa é uma das diferenças entre umbanda e candomblé.

OGUM E CADEIAS POSTEROMEDIANAS (PM)

Figura 21 – Expressão de Ogum[50]

---

[50] Fotografia de Márcio Miranda e ilustração de Tauan Carmo.

MITO

Ogum é guerreiro! Ogum vence demanda! Ogum foi praça da cavalaria! Na umbanda, essas frases são trechos de pontos (músicas) entoados ao orixá. Nos candomblés, há uma grande diferença em relação à umbanda, pois, a língua usada frequentemente nos rituais não é o português. Dependendo dos grupos africanos de formação, as línguas podem ser: **iorubá** (grupos étnico-linguísticos da África Centro-Ocidental); **ewe-fon** (etnia das regiões África Ocidental e África Central); **bantu** (a raiz bantu compreende mais de 500 línguas com forte parentesco falada em uma extensa região ao sul do Saara)[51]. Quando falamos sobre os orixás, como Ogum, nos referimos à cultura iorubá.

No Brasil, é comum associar Ogum à imagem do guerreiro destemido e briguento, responsável pela abertura de caminhos, aquele que não poupa esforços para alcançar as suas conquistas. Reginaldo Prandi, numa das lendas sobre as eternas brigas entre Ogum e Xangô, deixa claro que ambos são guerreiros fantásticos e que duelam muito bem, mas, ao contrário de Ogum, Xangô sabia *desfrutar de uma boa vida*[52]. Já Ogum, este nunca descansa.

Pensando na confusão que é contar os mitos dos orixás, até porque, como venho explicando, são histórias sem um único início, meio e fim, preciso parar um pouco e fazer três observações sobre esse orixá:

Por que Ogum nunca descansa?

Algumas lendas explicam o motivo dessa triste sina de empreender esforços noite e dia sem descanso, e tendo por morada as estradas. Segundo elas, tal condição de eterna batalha seria fruto de uma punição autoimposta, pois Oxalá descobre que seu filho, Ogum, havia se deitado com a própria mãe, Iemu. Assim, antes mesmo do pai amaldiçoar o filho traidor, Ogum pede perdão

---

[51] Lopes (2003).
[52] Prandi (2016, p. 265).

a Oxalá, sai de casa para morar nas estradas e sentencia a própria pena – *Enquanto o mundo fosse mundo, Ogum não descansa dia e noite. As estradas seriam a sua morada. [...] ajudando os viageiros que se perdem nos caminhos e deles recebendo oferendas para sobreviver.*[53]

Ogum se lança em busca do conhecimento e protege os negros escravizados no continente americano

Na África, o orixá Ogum é reconhecido como o Deus da Agricultura, o Deus da Forja, o Senhor das Tecnologias, o que se lança de cabeça em busca das invenções e descobertas, no intuito de favorecer a vida dos deuses e dos homens, como no caso de *Ejigbô*, reino de Oxaguiã (conhecido como Oxalá Novo).

Em seu reino, onde Oxaguiã também é conhecido como *Elejigbô, O Orixá-Comedor-de-Inhame-Pilado*, uma fome se instalou com a diminuição da produção dessa raiz. Ogum, graças ao seu poder de forjar o ferro, criou as ferramentas agrícolas e aumentou a produção de inhame da região, tirando assim o povo de *Ejigbô* do sofrimento causado pela escassez. Oxaguiã ficou tão grato com o resultado das invenções de Ogum, que decidiu homenagear o orixá. Desde então, ele usa uma fita azul em sua vestimenta branca, pois azul é a cor de Ogum no candomblé do povo iorubano.

No Brasil e em Cuba, grande parte dos negos trazidos para o nosso continente em decorrência de um brutal processo de tráfico humano eram designados aos trabalhos rurais em condições precárias. Segundo Antônio Simas[54], tal fato acabou por distorcer o mito de Ogum em terras americanas. Afinal, os africanos escravizados no Brasil e em Cuba não queriam se identificar com as ferramentas agrícolas, que os remetiam a lembranças de suplício e humilhação. Foi então que o mito de Ogum ganhou força ao representar o Senhor da Guerra. A população iorubá escravizada

---

[53] Prandi (2016, p. 100).
[54] Simas (2013, s/p.).

em decorrência da diáspora[55] africana precisava cultuar um deus que os protegesse e simbolizasse suas lutas, e o Senhor do Ferro passou a empunhar armas.

A imagem original do Senhor da Agricultura ganhou novo significado, e o deus responsável pelo desenvolvimento da civilização devido à forja do ferro, aquele que permitiu a ampliação dos poderes dos homens sobre a natureza, o provedor de fartura não mais fazia sentido para os negros da Diáspora Negra aqui na América. Com o tempo, Ogum, tornou-se o Senhor da Guerra, o Deus do Ferro, aquele que usa a sua lança e a sua força a favor dos negros, na luta contra os brancos colonizadores, senhores de escravos e da produção agrícola.

Ogum é o Orixá High Tech!

Pelo fato dos outros metais serem mais fáceis de ganhar forma e terem menos resistência, Ogum consegue fama e poder. Afinal, graças a sua criação, ele ajuda os orixás e os humanos a suplantarem vários impedimentos impostos pela natureza. É somente com a invenção da forja do ferro que o emprego de novas tecnologias deu ao homem um poder maior sobre a natureza, além de criar condições para um grupo se sobrepor a outro, evidentemente! Tal requinte tecnológico vai possibilitar o desenvolvimento de civilizações em graus de organização diferentes. Por causa de Ogum, por um lado, a paz entre os homens é alcançada nos momentos de fartura, como decorrência da ampliação da produção agrícola. Por outro, grandes guerras são travadas, graças à utilização de ferramentas capazes de ampliar a potência de um grupo em comparação ao seu inimigo. Tanto na paz como na guerra, é Ogum que muda o curso da História.

Você percebeu que resolvi tomar o caminho menos popular para apresentar as facetas do orixá? Tal decisão tem a ver com a cadeia muscular do Método GDS relacionada a Ogum, a Cadeia PM. A relação entre Ogum e a Cadeia GDS PM foi a primeira associação

---

[55] Diáspora no dicionário Houaiss: Separação de um povo ou de muitas pessoas, por diversos lugares, geralmente causada por perseguição política, religiosa, ética ou por preconceito.

que eu fiz entre a Dança Afro-brasileira do Método Mercedes Baptista e o Método GDS. Eu me emociono bastante com a confirmação da criatividade de Ogum e a expressão de vanguarda impressa no corpo pela Cadeia PM. Os primeiros lampejos do projeto *Entre o Mito e o Músculo* vieram da intimidade entre Ogum e Cadeia PM.

O Santo Guerreiro ou o Deus da Guerra não aparecerá por enquanto. Quero reforçar a imagem do Ogum criativo e inventor, que detém os conhecimentos a serem aplicados em técnicas para alterar a natureza. Ele aprendeu a moldar o metal e compartilhou com todos a sua obra, Ogum representa a última fase da Idade dos Metais, o final de Pré-História.

Primeiro ele fundiu o ferro e depois forjou no metal um tipo de alicate (tenaz) para poder manusear o ferro incandescente utilizado na criação dos outros instrumentos para a agricultura: o facão, a pá, o machado, a faca, a enxada e tantos outros empregados na produção de alimentos (figura 22).

Figura 22 – Ferramentas de Ogum[56]

---

[56] Desenho de Guran.

Conta a lenda, que o Deus da Tecnologia morava no Orum e era conhecido como *Aquele que transforma terra em dinheiro*, pois Ifá (ou Orumilá, o orixá adivinho) o orientou a queimar uma areia negra e fina, possibilitando, então, a forja do ferro.

Quando Ogum decidiu vir para o Aiê, preparou-se para chegar aqui e ocupar uma posição ainda mais poderosa que aquela desempenhada no Orum (é impressionante como os deuses são vaidosos!). Foi então que ele consultou o Ifá e fez um ebó para abrir seus caminhos e triunfar na terra dos homens.

Ogum

Veio ao Aiê e aqui fez o pretendido. [...]

Em pouco tempo foi reconhecido pelos seus feitos.

Cultivou a terra e plantou,

fazendo com que dela o milho e o inhame brotassem em abundância.

Ogum ensinou aos homens a produção do alimento,

dando-lhes o segredo da colheita,

tornando-se assim o patrono da agricultura.

Ensinou a caçar e a forjar o ferro.

Por tudo isso foi aclamado rei de Irê, o Onirê.

Ogum é aquele a quem pertence tudo de criativo no mundo,

aquele que tem uma casa onde todos podem entrar.[57]

---

[57] Prandi (2016, p. 99).

São poucas as pessoas que identificam Ogum com o Orixá ligado à criação e transmissão de conhecimentos tecnológicos, com o deus capaz de ampliar o poder dos seres humanos, livrando-nos de inúmeras intempéries. Eu mesma só descobri esse lado do orixá depois de ter corrido muita gira (andar por lugares diferentes). Pode ser que esteja enganada, mas somente há uns 10 anos eu me dei conta da grande importância de Ogum para a nossa civilização. Foi quando comecei a dar aulas de Dança Afro-brasileira e psicomotricidade para as crianças de um projeto da *Casa do Raio Dourado*. A mãe de santo responsável pelo projeto, *Mãe Carmem de Ogum*, contou uma lenda do orixá que ultrapassava a imagem do deus brigão. Ela narrou para a turma a história do Deus da Agricultura durante uma aula sobre as semelhanças entre os orixás e os deuses gregos. No projeto, o aluno mais velho não tinha 12 anos; no entanto, a maioria das crianças já tinha ouvido falar em Áries, mas poucas conheciam Ogum.

Aqui é tudo Guerreiro ou Guerreira

De uns bons anos "pra cá", na cidade do Rio de Janeiro, guerreiro virou sinônimo de pessoa determinada, que luta por seus sonhos com afinco e não esmorece diante qualquer obstáculo. É frequente (mesmo) ouvir um carioca falar, *"O cara é o maior guerreiro!",* e quem conhece o sotaque da cidade sabe que a sonoridade beira algo assim – [ocaremaió guerrero!]. Acho uma delícia!

A popularidade do santo está em alta, tanto que em 2001 ficou decidido, inicialmente só na Cidade do Rio (em 2008, no Estado do Rio), que o dia 23 de abril seria feriado em homenagem a São Jorge. Pois bem, por essas terras, além de todo mundo ser o maior guerreiro ou guerreira, ainda temos um dia para celebrar com samba, comidas e cervejas, o santo que protege uma galera da pesada. Desse sincretismo, Ogum com São Jorge, o santo acaba por juntar em sua legião fãs de dois grupos aparentemente antagônicos. O caso é que ele protege, ao mesmo tempo, os policiais e os bandidos. Eu sempre achei isso conflito de interesses, mas coração de santo deve ser igual ao de mãe.

São Jorge é pop! Uma vez, brincando com uma amiga que é pesquisadora da Fiocruz e devota do Guerreiro, começamos uma disputa boba para saber de quem o santo gostava mais. Ela dizia que já tinha sido agraciada com um grande milagre referente à saúde dela e por isso era eternamente grata a ele, logo o Guerreiro gostava mais dela. Eu, com uma falsa timidez, tirei o ás da manga! *Ok, mas eu nasci no dia dele!* E olha que eu nem disse que era filha de Ogum, seria humilhação demais.

Dia 23 de abril, no apartamento 401 do IAPI da Penha, era Dia de São Jorge (eu já até tive ciúmes disso). Lá, esse era o dia que a vida pulsava desde as cinco horas da manhã, com os preparativos das comidas que seriam feitas para os filhos de santo da minha avó, e eu era uma delas. Dona Iracema ficava totalmente entregue às obrigações do orixá. Eu gostava da festa porque tinha sempre acarajé e inhame que seriam entregues aos meus anjos da guarda – era assim que a minha avó chamava os nossos orixás: anjos da guarda. No meu caso, os anjos da guarda eram Iansã e Ogum. Bem, até hoje me lembro dos presentes que eu ganhava dela: sete acarajés e sidra, um inhame cheio de palitos (acho que o meu inhame não era preenchido com mel) e cerveja. Ela entregava tudo e depois dizia: *"Vai lá bater paó."* (bater palmas em iorubá). Um, dois, três – um, dois, três, quatro, cinco, seis, sete! Era a contagem das palmas que realizávamos três vezes, agachados diante das oferendas.

Olha aí, bater *paó*, de novo os traços que foram ensinados na minha família e que nenhum amiguinho conhecia. O gesto de *bater paó* representa respeito e um tipo de diálogo que os humanos têm com os deuses. Eu sempre *bati paó* e ninguém nunca explicou o significado desse ato, apenas gostava e imaginava que era importante para que a obrigação fosse aceita. Eu contava as minhas palmas e as dos adultos, mas, quando alguns erravam, aquilo saltava aos meus ouvidos. Não mexia um músculo com aquele erro, porque não era assunto de criança e dona Iracema só dava uma olhada para me manter quieta.

Durante uma infância inteira grudada na minha avó, acabei circulando por mundos diferentes e, até no dia do meu aniversário, a comemoração se realizava *entre-mundos*. No ano em que morei com ela, as filhas de santo chegavam cedo ao apartamento/terreiro e eu já recebia os parabéns ali mesmo. Tudo nos ligava ao mundo dos orixás, e, na verdade, eu não via muito os limites entre a casa e o outro mundo, o que me deixava, em certas ocasiões, apavorada e terrivelmente medrosa.

As comemorações do meu aniversário só começaram a ser realizadas no próprio dia 23, que eu me lembre, na adolescência. Até lá, a festinha para a família, com poucos amiguinhos, só podia acontecer depois que levantasse as obrigações dos santos, pois qualquer festa só acontecia na casa da minha avó e com obrigação arriada nem pensar fazer farra. Aos 7 anos eu ganhei a maior festa de aniversário, descobri mais tarde, por ela, que tinha sido uma promessa para as crianças do espaço (era assim que eu chamava os *erês*), dona Iracema achava que eu não vingaria, porque era uma magricela e não gostava de comer. Nas festinhas, era ela quem fazia os docinhos e uns bolos tortos, mas sempre deliciosos. Ainda hoje, sinto muita saudade da Ira, especialmente no meu aniversário.

Figura 23 – Cadeia PM[58]

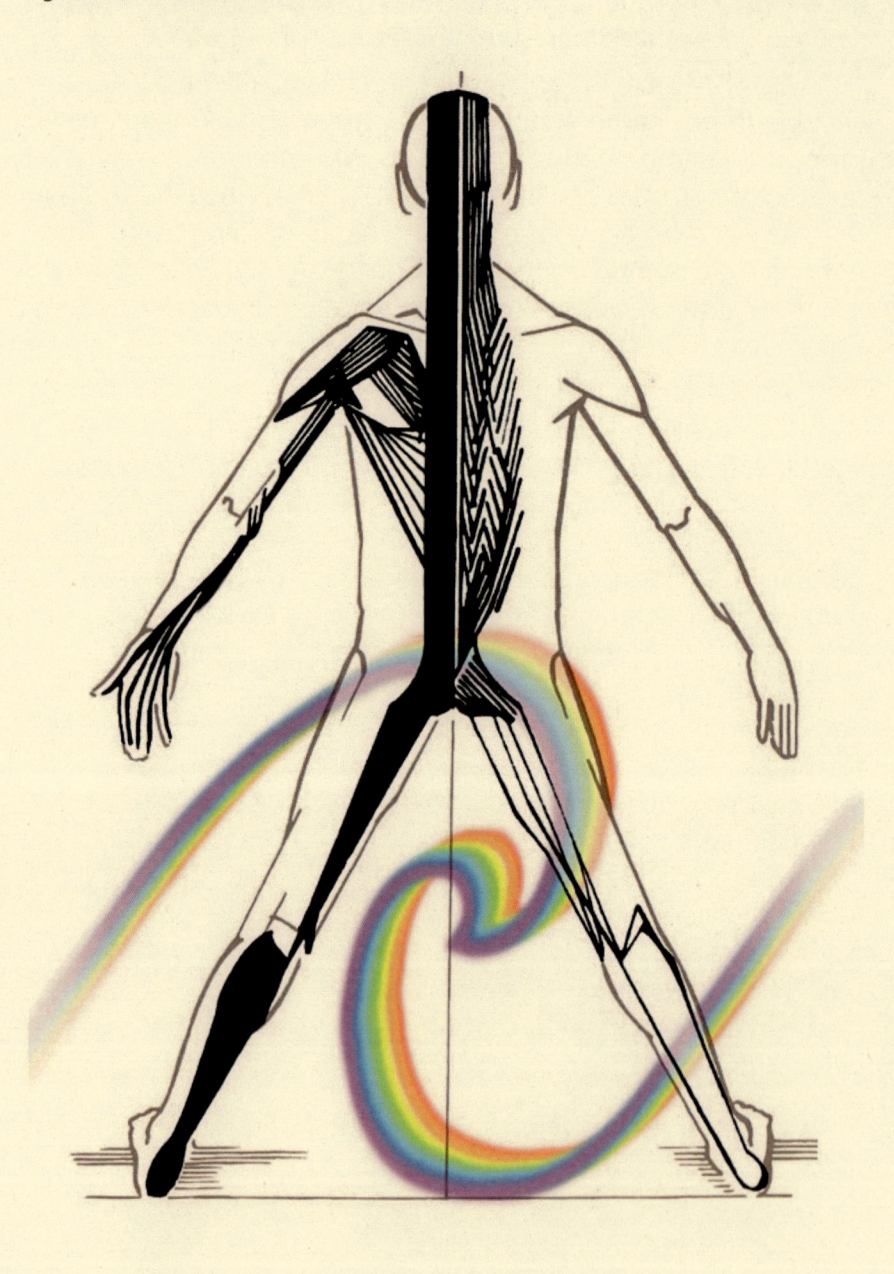

[58]   Desenho criado por Guran, a partir da imagem de Denys-Struyf (1995, p. 41).

110

MÚSCULOS

Verticalidade da tíbia, do sacro e endireitamento da coluna, com leve projeção do corpo para frente, eis o homem de pé. Agora bípede, o homem se desloca com os dois pés, sem apoio das mãos, ganhando, assim, agilidade para se lançar em direção do desconhecido. Tal evolução possibilita que ele busque novos caminhos para levá-lo (e a comunidade) à superação dos obstáculos impostos pelo meio. Mas há um detalhe que preciso reforçar, a verticalidade forjada por esses músculos empurra o corpo para frente, não exatamente para a vertical.

Para facilitar a apresentação da Cadeia Posteromediana (PM), sugiro um exercício de imaginação. Pensem num corpo reto e na vertical, mas com uma leve inclinação para frente, igual à Torre de Pisa. Antecipo-me às expectativas de vocês e vou logo dizendo que não sei por que a torre não cai, embora saiba, que muitas obras já foram realizadas para compensar o efeito da instabilidade daquele solo. No entanto, eu sei por que uma pessoa de pé, levemente projetada para frente, não cai. Isso é justamente por causa da Cadeia PM.

A família de músculos posteromedianos (eles ficam atrás e no meio) é forte para caramba, tanto que permite esse tipo de equilíbrio. Você já prestou atenção como tem gente andando pelas ruas com o corpo inclinado para frente? E aqueles que quase não apoiam o calcanhar no chão? Você saberia me dizer se o seu corpo é projetado para frente, para o centro, ou para trás, quando se põe em pé?

Vamos começar a pensar sobre essa construção de carne e osso para compreender como alguém semelhante à famosa torre não cai de cara no chão. Vejamos agora uma situação corriqueira da vida: crianças que aprendem a andar e já começam a correr. Quando os adultos precisam acompanhar e correr atrás da criaturinha para evitar que ela não se esborrache, eles têm as seguintes opções: botar no colo e não deixar dar o primeiro passo (impossível); impedir a corrida dela com a mão na frente do corpo, o que é necessário em certos casos, mas sempre irritante para os bebês; ou ficar segurando algo (roupa, fralda, *coleira para bebê*) por trás do minivelocista, apenas regulando a ligeireza da corrida.

No corpo humano, há uma família de potentes músculos posteriores localizados especialmente no tronco, paralelos à coluna, que agem como aquela fralda ou coleira para bebê. Nos membros (superiores e inferiores), principalmente nas pernas e coxas, também atuam músculos dessa família que impedem a nossa queda para frente. Além disso, são músculos que nos mantêm **na busca** da vertical (figura 23). Somente no capítulo dedicado a Xangô e a Cadeia PA, daqui a duas duplas de mitos e músculos, eu apresento o motivo da coluna ficar bem no eixo vertical e em ascensão.

Quero, por enquanto, conversar sobre o conjunto de músculos potentes e determinantes na evolução da espécie, pois essa família é a responsável pelo endireitamento da tíbia (canelas), da bacia e das costas. Dê uma olhada na figura 24, criado por Guran, mas inspirado no livro de Valentin (2007, p. 66).

Figura 24 – Evolução da espécie segundo o Método GDS[59]

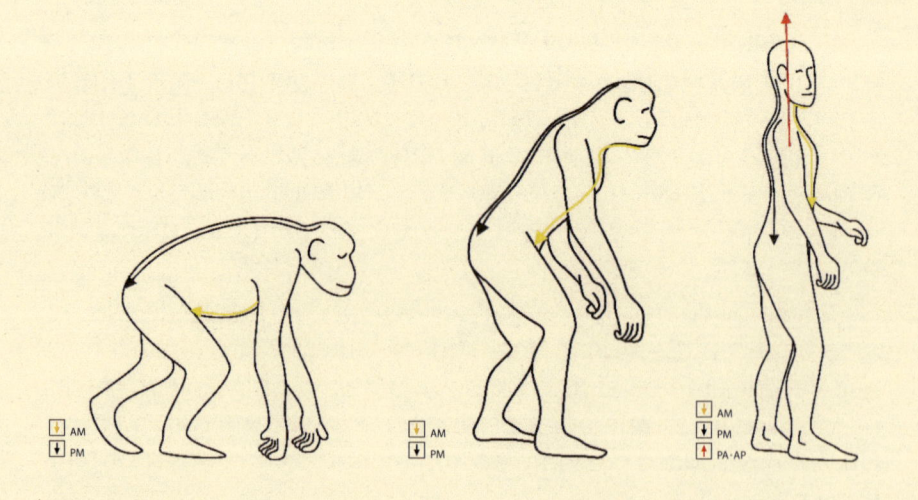

---

[59] Desenho criado por Guran, a partir da imagem de Valentin (2007, p. 73-74).

Na figura 24 há três linhas representando três cadeias musculares – preta PM, amarela AM (ambas com setas para baixo) e vermelha PA e AP (seta para cima). Dá uma olhadinha no primeiro desenho e você vai ver que só existem duas linhas no corpo do quadrúpede, repare que as duas linhas têm setas para baixo, mas a linha da frente está mais encurtada. No segundo, a diferença aparece na extensão das linhas, que são quase do mesmo tamanho. No último desenho, o do homem, duas linhas vão para baixo e uma vai para cima. Esse é o pulo do gato, é que as duas linhas com a seta para baixo se equilibram, uma puxando na frente e a outra puxando atrás, e por isso a linha vermelha, no centro, consegue subir, tal como lona de circo.

Vamos ao **ditado de corpo.**

- Comece inclinando o tronco para a frente levemente arredondado, depois dobre os joelhos e apoie as mãos em algo, um pouco abaixo da altura dos joelhos. Observe sua bacia, canela e tronco quando se encontra com os quatro apoios. Você sentiu a costas ou a parte de trás das coxas estendendo?

- Comparando com a posição de pé, em qual das duas você sente o alongamento da musculatura posterior?

Para o Método GDS, os responsáveis pela evolução, no que diz respeito à busca do endireitamento do corpo, são os músculos da cadeia PM.

A figura 25 mostra as setas da cadeia PM, indicando que a força muscular atua no sentido de cima para baixo.

Figura 25 – Setas da Cadeia PM[60]

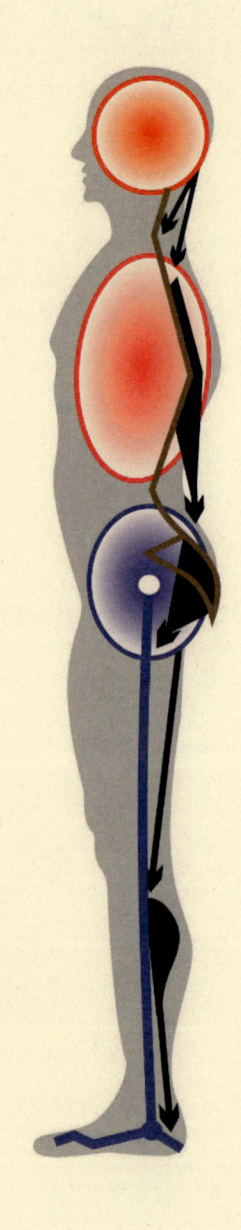

---

[60]   Desenho criado por Guran, a partir de figuras de Campignion (2003).

Quando levantamos da posição de quatro apoios, ocorrem as seguintes ações:

- Os ísquios viram para baixo (osso sobre o qual sentamos).

- A tíbia verticaliza, puxando a canela por trás e para o chão.

- A coluna, que vai até o pescoço, é puxada para trás e para o chão.

Músculos da Cadeia PM mais importantes na bipedia

- **Solear** – verticalização da tíbia.

- **Semitendíneo e Semimembranáceo** (ísquios tibiais) – extensão da bacia.

- **Glúteo máximo** – endireitamento do sacro.

- **Paravertebrais** – endireitamento da coluna.

- **Longo da cabeça – flexão e** manutenção da cabeça na posição horizontal.

Criacionismo e evolucionismo!

Este livro é todo permeado por mitos, pois, queiramos ou não, a ciência está cheia de histórias metricamente comprovadas, até chegar outra história mais convincente e refutar as anteriores. Eu gosto da palavra refutar que, além de ser gostosa de falar (refutar, refuta, refutei), é inimiga da verdade única. Quantas vezes você assistiu um respeitado cientista explicando na televisão que o que era ruim, agora é bom (consumos de ovo, de manteiga...)? Tudo refutado... virou balela! Eu, nas minhas crendices, quando a coisa aperta e tenho que marcar consultas, exames e ações de especialistas, acendo velas para os orixás, os meus e os dos médicos, claro!

Frequento mundos diferentes, por isso já vi e ouvi inúmeras verdades afirmadas e negadas por senhoras e senhores detentores do conhecimento. Por essas andanças, deparo com ideias tão incoerentes (para mim), outras nem tanto assim, pelo contrário, são até bem próximas às minhas. Quando mais nova, eu era cheia das verdades absolutas, mas, graças a Freud e a Lacan, tive oportunidade de experimentar a leveza que o emagrecimento dessas certezas nos proporciona. Sobre isso, tem um episódio divertido que aconteceu no *Lamas*, restaurante tradicional da boemia carioca. Num carnaval desses, depois de ter gastado boa parte da resistência física em alguns blocos da cidade, saímos em busca de alimento para repor as forças, não a razão, é claro. No grupo, a Claudia Lucciola, o Zé Vaz, o Carlinhos Fidelis e eu. Papo vai, papo vem, de repente, macumba! Depois de muitas histórias, os meninos que diziam não acreditar em nada, lançaram a deliciosa frase – *"Não acredito nisso, mas DIZEM que sou filho de Oxossi!"*, que maravilha, ainda por cima filhos do mesmo orixá. A Claudinha, companheira do Zé, foi logo desbancando a verdade do seu bem e enumerou os santos que formavam o pequeno altar da casa do Zé, antes deles se casarem. Brincamos e rimos demais com a posição deles, e quando disse que era filha de Iansã e Ogum, eis que surge a surpresa, inclusive daqueles que não acreditam nessas coisas, *"Você, filha de Iansã?"*, meio jocosa, meio sincera, respondi que era filha de Iansã sim, mas tinha anos de psicanálise.

Pausa para explicar uma coisa: quem não me conhece direito, não sei por que cargas d'água, jura que sou *Zen*, que faço alimentação natural, que sou meio *paz e amor*, quer dizer, uma mulher serena e ponderada. Nessa visão, então, não haveria coerência alguma em ter dois orixás tão impulsivos e passionais tomando conta da minha cabeça (*ori*): Ogum, como vimos, é conhecido no Brasil como o Orixá da Guerra. Iansã é a Senhora dos Ventos e Tempestades... pois é, os meninos entendem do babado e a análise é boa mesmo mesmo!

São esses caminhos que me deliciam, entre os ensinamentos inscritos no *criacionismo dos deuses africanos*, em que Ogum representa o orixá da vanguarda tecnológica, aquele que amplia os conhecimentos com sua postura curiosa e à frente. E a biomecânica europeia, ao descrever a Cadeia PM e suas ações, explicando como o ser humano *evoluiu* quando chegou à bipedia e sendo projetado para frente, mas sem cair no chão. A mágica é juntar os saberes e entender a pulsão (motivação) de curiosidade existente nos mitos e nos músculos.

Figura 26 – Dança de Ogum[61]

---

[61] Foto e ilustração de Vander Borges.

DANÇA

A dança predominante de Ogum é dança de guerra; nas aulas era essa a imagem que recebíamos. São movimentos vigorosos, acelerados, cheio de saltos, em que os braços, ora representando um facão, ora uma espada, agitavam-se em vários gestos. São passos de deixar meio metro de língua para fora. Cansa, mas é lindo!

Apesar da burrice que há em toda unanimidade, arrisco afirmar que, em todas as coreografias de Ogum, os corpos dos bailarinos se projetam para a frente, mesmo que seja uma breve composição. Tal posicionamento do tronco (para frente) foi a semente de todo o processo associativo entre danças (mitos afro-brasileiros) e o Método GDS de Cadeias Musculares e Articulares (comentei anteriormente). A figura 26 é um dos exemplos de posições adotadas em coreografias de Ogum. Incrível, mas essa é a própria atitude da cadeia PM. É possível que durante a dança de Ogum se misturem movimentos de guerra com corte de plantas, limpeza do terreno, ou colheita da produção. No entanto, pela intensidade com que se realizam os gestos, a ideia de guerra ainda se sobrepõe.

Nas aulas ou apresentações, as posições dos corpos apresentam alterações, mas o tronco em flexão se mantém grande parte do tempo. Os joelhos são importantes, na hora de realizar saltos que deixam o corpo da bailarina inclinado para frente, resultado de um movimento forte na bacia que lança as pernas (membros inferiores) para trás, quase totalmente estendidas. Em segundos, a imagem é da Torre de Pisa no ar, sem chão, só no espaço.

Os deslocamentos realizados com giros e saltos estão sempre em harmonia com a potente gestualidade de braços. A força da dança para Ogum leva a ideia de um deus que avançava sobre o terreno. E o osso sacro, por motivo de excesso de tensão, busca a posição horizontal. O sacro que sofre com o excesso da Cadeia PM, busca a horizontal, como uma prateleira.

Essa complicação, do sacro horizontalizar em vez de verticalizar, pode ser explicada por meio de estudos aprofundados do

Método GDS, mas uma coisa é evidente, a expressão de Ogum demanda dos bailarinos sacros horizontalizados.

Ogunzices

Agora, no finalzinho, vou falar das **ogunzices**, que são os aspectos exagerados do orixá. O maior de todos eles é o desejo de exercer o seu poder, inclusive à força. No entanto, Ogum, ao avançar cegamente quando exerce sua fúria sobre tudo e todos, pode destruir aquilo que tinha conquistado. Esse comportamento é uma reação irascível, sem o menor senso de estratégia. A **ogunzice** é uma conduta absolutamente colérica. Talvez por Ogum não desejar reinar, mas apenas conquistar e se vangloriar das conquistas, ele continue a avançar sem maiores preocupações. Mas quando ele sai desse estado de cegueira emocional e volta à calma, então, pela dificuldade de lidar com as emoções, ele se culpa, sofre e continua em frente.

Os ataques de **ogunzice** se manifestam de um modo geral pela falta de humor ou de paciência para lidar com a situação em que ele se sente agredido ou limitado; a sensação de estar sendo desrespeitado e humilhado é insuportável para Ogum. A fúria da **ogunzice** se inicia com ressentimentos, reclamações toscas, sentimento de perseguição, imagina-se vítima de alguém, eis que de repente, salta para um ataque violento. O ideal, mas nem sempre possível por parte do seu opositor/inimigo, é deixar o tempo (amolecedor de rancor) agir. Pois como ele não se prende ao ocorrido e continua avançado, o humor volta (meio maroto) com a inteligência. Mas não espere grandes reflexões sobre o contratempo, ele apenas continua seu caminho, mas sem a cólera.

Na atualidade, de certa forma, podemos associar esse lado exagerado do mito com os responsáveis pela ininterrupta ação destrutiva da natureza que, em nome de um avanço tecnológico e do progresso, não medem esforços para alterar o meio ambiente. E, por prazer em exibir a sua capacidade criativa e avessa a reflexões, esses indivíduos agem sempre avante. Sim, há uma impossibilidade de olhar para dentro de parar para **sentir**. Por exemplo, na *ogunzice* não há uma sensibilização com as destruições, porque ele não sente que faz parte do todo e pode, também, ser destruído com a natureza.

Não se engane com discursos aparentemente reflexivos, racionalizar um discurso reflexivo não é refletir, pois os verbos sentir, perceber, esperar, sensibiliza-se, não combinam com o estado de *ogunzice*.

Ogum, em uma das lendas, matou todos os habitantes de uma cidade, na África, só porque ninguém falava com ele. No entanto, quando Ogum soube que era dia de um preceito que obrigava todos ao silêncio, culpado, ele entrou pela terra e não mais viveu no Aiê.

Uma vez, durante um ritual na praia, no dia de São Jorge, uma entidade da umbanda, Vovó Catarina, falou que às vezes devemos virar a espada de Ogum para dentro de nós mesmos, pois em muitos momentos é aí que o inimigo se encontra.

OBALUAÊ E CADEIAS ANTEROMEDIANAS (AM)

Figura 27 – Expressão de Obaluaê[62]

[62] Fotografia de Márcio Miranda e ilustração de Tauan Carmo.

123

MITO

Lá na casa de Iracema, debaixo da pia, tinha duas pipoqueiras, e uma era exclusiva de Obaluaê; naquela panela só se preparava pipoca com areia (flores de Obaluaê), em vez de manteiga. Pensando bem e continuando a olhar para trás, fui uma menina que pouco brincou de comidinha com os amiguinhos, só mais tarde é que pegávamos comida de verdade escondido dos pais e cozinhávamos na rua, meninos e meninas, tudo com gosto de fumaça, mas era uma um clima maravilhoso, às vezes, na base da vaquinha, tinha até camarão ou, na base do estilingue, o cardápio era rolinha. No subúrbio, era comum misturar a garotada, e eu gostava de jogar bola com os meninos – e jogava bem – até driblei uns amigos, bem mais tarde, numa pelada com a galera do Colégio Pedro II. Soltava pipa e realizava todo o ritual, moía vidro, passava cerol na linha, e ainda cuidava das pipas do meu irmão. Também tinha um montão de bolinhas de gude e de todas as brincadeiras com as bolinhas, eu preferia mesmo a búlica. *Marraio, Feridô Sou Rei!* Tinha uma ordem nas brincadeiras que a gurizada seguia "naturalmente", para cada uma delas tínhamos códigos, épocas do ano e combinações específicas do bairro, eu era feliz demais na rua. A minha avó me dizia e continuaria dizendo até hoje: *"Mas é rueira!".*

Bastou relembrar da oferenda para Obaluaê, das flores (não se falava pipoca, eram as flores de Obaluaê) postas num alguidar com uma cruz feita com um fio de azeite de dendê, para eu me dar conta de que sei fazer, mais ou menos, algumas comidas de santo. Mas isso era de se esperar, afinal, eu não saía da cozinha! Leitor, é claro que eu não tenho os fundamentos sagrados dos iniciados na religião, e só me lembro daquelas comidas que minha avó fazia com frequência nas obrigações do terreiro.

O assentamento de Exu ficava na cozinha, e então, quando tinha obrigação para qualquer orixá, eles começavam os trabalhos nessa parte do apartamento/terreiro, e não saíam de lá, já que Exu é o primeiro orixá a comer. Eu nunca soube o que eles preparavam, porque as crianças não podiam acompanhar a feitura do *padê*, ou seja, a comida de Exu. Só sabia que, além da cachaça, tinha carne e farofa amarela, e como tinha muito medo de Exu, especialmente da imagem do Tranca Rua, ficava quietinha na minha.

Para Ogum, era preparado inhame despelado, recheado com mel (ou não) e depois eles espetavam um monte de palitinhos. Incrível, mas aquilo ficava igual a um porco espinho. Olha, vou falar uma coisa, comida de santo nunca é uma coisinha simples, tem sempre uns *paranauês* que só os iniciados entendem. Imagine você, como ficava a cabeça das crianças, pelo menos a minha, que pirava e estava sempre perguntando algumas coisas. Por exemplo, o inhame e os palitinhos era uma coisa muito estranha, uma comida que podia espetar os santos, aquilo não tinha coerência, muito estranho mesmo! Além do mais, esse inhame despelado e espetado ficava equilibrado numa tigela branca na posição de pé, e na minha invencionice que acompanhava toda a preparação, eram os palitos de dente que funcionavam como base para o equilíbrio do arranjo vertical. Ficava de botuca, só para ver se o inhame ia cair para algum lado. Cabeça de criança!

O acarajé de Iansã se anunciava no dia anterior, com algumas tigelas cheias de feijão fradinho de molho n'água para serem debulhado no dia seguinte. Esses *bolinhos de fogo* não levavam sal e era uma trabalheira danada; agora, tudo bem, tem até massa pronta, é só comprar e bater. Antigamente, acarajé, feijão fradinho, camarão seco combinavam com máquina de moer à mão, com que eu adorava brincar. *Posso moer?* Tudo era oportunidade para eu brincar, e, nesse caso, de comidinha de santo!

O *amalá* de Xangô era preparado com quiabo cortado em rodelinhas finas e, para alguns filhos de santo, também tinha rabada. Para Oxalá, orixá do meu primo Evandro, era feita uma canjica só na água, assim como o *acassá*, um mingau feito com fécula de batata (essa é a minha lembrança, pois o tradicional é farinha de milho branco) e água. Eu não gostava de mingau, e só um pouquinho de canjica, então me impressionava a falta de leite nessas comidas, leite condensado.

Na verdade, eu sempre achei que *acaçá* fosse comida de preto-velho, mas numa aula que fiz com o Lúcio Sanfilippo[63], ele informou que era uma comida de Oxalá, mas que todos os orixás também comem.

O *omolocum* de Oxum é feito com feijão fradinho e ovos cozidos, tudo preparado em azeite doce (de oliva). Adorava a parte do refogado, quando elas fritavam a cebola no azeite. Já Oxóssi come abóbora recheada com fumo de rolo e, se não me engano, podiam ser oferecidas frutas, igual a Ossanha. O cuidado estético com a disposição das frutas me capturava, elas e algumas folhas ficavam todas arrumadas numa gamela, como era lindo aquilo! Essa era a vez da minha prima Patrícia ganhar o mimo da vovó.

O manjar, os bolos, os bombons e os refrigerantes das crianças, que eu roubava sempre, também faziam parte das oferendas em casa de minha avó. Por fim, e, talvez, os mais importantes, os animais, que eram oferecidos aos orixás, e em seguida começavam a ser preparados para a festa da noite, quando todos, inclusive os convidados, comiam fartamente com a mão. Sim, nas comidas de santo não se podia usar talheres.

Na organização das festas do dia a dia ou das obrigações, dona Iracema me levava para fazer compras de qualquer material que estivesse faltando no terreiro. Fábrica de gesso em Maria da Graça, tecidos no Meier e Bonsucesso, bichos em Caxias e nas Cinco Bocas (Olaria), as miçangas e firmas (tipo de conta) para a confecção dos *fios de conta* (cordões), ocasião em que rodávamos bastante para encontrar a loja em que houvesse material mais barato e específico para cada exigência.

O que me impressiona nessas recordações é poder me deparar com a infância de uma menina que estava sendo preparada para herdar o *Terreiro Caboclo Curupari*, na Penha. E quando a minha avó, ou outra pessoa, falava sobre isso, me orgulhava

---

[63] Tive a oportunidade de participar, algumas vezes, dos encontros que Prof. Lucio Sanfilippo realiza em sua casa. O grupo de estudo no Facebook se chamava: Religiosidade, musicalidade e expressão corporal afro-brasileiras.

de me parecer com ela, mas no fundo eu achava aquilo tudo engraçado. Eu, presa, com aquela responsabilidade toda? Até hoje, isso nunca combinou comigo! Outra coisa interessante, e que só agora eu posso ver, é a importância de ter seguido o meu caminho sem a pressão de qualquer pessoa, pois a minha rebeldia não dava espaço para grandes controles. O fato é que nunca saberei o que não aconteceu, mas desconfio de que a tríade – dança afro-brasileira, uma febre adolescente de ceticismo e a psicanálise – me roubou daquele destino religioso.

Obaluaê e os Bastos

Ao começar a escrever sobre Obaluaê, além da lembrança dos meus avós e da infância, que têm me acompanhado desde o começo do livro, fui tomada por uma forte lembrança do meu pai, Wolmares. Ele era comunista e filho de Obaluaê (essa é a minha leitura, não a dele) que, a partir de certa idade, adotou uma postura excessivamente encurvada, fazendo lembrar o corpo de um dançarino durante o Opanijé (um dos toques de Obaluaê que, segundo Pierre Verger, significa *ele mata qualquer um e o come*[64]). Além disso, coincidiu das minhas primas, da família paterna, virem para o Rio de Janeiro (janeiro de 2017) para uma reunião dos primos. Isso, justamente quando comecei a escrever as primeiras frases sobre Obaluaê.

Leitora, por isso, estou tendo que me organizar para continuar a escrita, pois a intensidade dessas coincidências – saudades do pai e encontro com as meninas – deu uma reviravolta na minha sensibilidade. É uma choradeira e uma vontade de ficar matutando, matutando... sem mexer uma palha. O mais louco disso tudo é que o perfil de gente ensimesmada, sensível, de pessoas vinculadas ao passado, à família e aos seus ancestrais está associado ao mito de Obaluaê e à expressão da cadeia AM. Olha, é muita afinidade entre GDS e os mitos, eu também não acreditaria se fosse você!

---

[64] Verger (1981, p. 216).

Do lado da família Bastos, só tenho primas, porque meu irmão é o único neto de dona Zila e seu Washington (avós paternos). No encontro, o que mais me impressionou foi todas as primas terem se juntado, mais as filhas de primas e mais o Worms; logo na tal semana em que comecei a escrever sobre Obaluaê. E olha que somos capazes de ficar anos sem nos falar, quanto mais nos encontrar! Foi um fim de semana total *obaluaezístico*, mais tarde eu conto por quê. Primeiro vamos entender um pouco a história desse poderoso orixá, depois retomo os Bastos.

O filho doente é abandonado por Nanã

Obaluaê significa Rei Senhor da Terra e, segundo muitas lendas, foi abandonado na beira da praia por sua mãe Nanã, porque sua pele era toda coberta por feridas e ela não suportou essa tristeza. Por sorte, o bebê Obaluaê teria sido acolhido por Iemanjá, a *Mãe cujos filhos são peixes*. A *Senhora das Cabeças*, como Iemanjá também é conhecida, cuidou com muito amor de Obaluaê, tratando e curando as feridas do pequeno abandonado. À medida que o menino crescia e ganhava força, seu corpo de homem mantinha as marcas da varíola. Iemanjá, muito preocupada com a aparência do filho, confeccionou uma roupa que ocultasse os vestígios da doença.

Em seu livro, Prandi conta que Iemanjá, mãe atenta e protetora de seus filhos, ficou penalizada com a sina de Obaluaê. Ela reconhecia a importância daquele orixá potente, mas pobre, o que a deixava penalizada. Seu filho andava pelas aldeias levando a cura da peste por onde passava. E uma forma que ela encontrou para reduzir o sofrimento dos dois foi oferecer parte de sua riqueza a Obaluaê. Quem não conhece sua história, saiba que Iemanjá é uma *yabá* (orixá feminino) muito rica. Iemanjá é herdeira de sua mãe, Olocum, a *Rainha do Mar*.

Os pais de Iemanjá eram Olocum e Olorum, os criadores do universo. A Olocum foi entregue o poder de controlar todas as águas, e Olorum ficou com o céu. Não vou contar a história do casal porque não é o momento adequado, mas posso adiantar que a separação dos dois foi um babado e Olocum acabou sendo presa no fundo do mar com uma gigantesca serpente. O que interessa desse mito, e eu nem sei por que acabei me aprofundando, é que Iemanjá é muito rica, pois todas as riquezas do mar foram dadas a ela por sua mãe Olocum.

Iemanjá, então, decide oferecer suas pérolas a Obaluaê; afinal, eram tantos tesouros para satisfazer sua vaidade, que ela abriu mão dos mimos que as ostras lhe faziam.

Ela chama o filho e diz:

> *"De hoje em diante és tu quem cuida das pérolas do mar.*
>
> *Serás assim chamado de Jeholu, o Senhor das Pérolas."*[65]

Obaluaê, assim, além de poderoso torna-se dono de grande riqueza.

Graças à história oral, temos muitas versões sobre a vida dos orixás, e nesse caso, do orixá que se veste com o corpo todo coberto de palhas de palmeiras – dependendo da lenda, ora as palhas são de ráfia, quando oferecida por Iemanjá, ora de dendezeiro (*mariô*), quando oferecidas por Ogum. Há mitos que reconhecem Obaluaê como o deus da peste e outros, pelo contrário, veem o filho rejeitado de Nanã, como o deus da cura. Mas há uma imagem forte que está associada a Obaluaê – o orixá cruel e vingativo.

Uma característica da mitologia iorubá é mostrar que os deuses africanos apresentam temperamento demasiado humano, são cheios de atitudes contraditórias, como eu ou você. Por exemplo, o aspecto austero de Obaluaê não deve ser confundido com a ideia equivocada de um deus cruel; Obaluaê é o deus da cura, que afasta a peste, mas que em seus momentos de ira, pode punir, com as doenças, aqueles que o desconsideram, sendo seus ofensores obrigados a se curvarem e a clamar por sua compaixão.

---

[65] Prandi (2016, p. 216).

Prandi conta a história de um menino chamado Omulu que saiu de casa muito novo e foi para o mundo. Durante as suas andanças ele só encontrou desprezo, sofrimento e chagas pelo corpo. Certa vez, então, Omulu foi despertado por Olorum com estas palavras – *"Estás pronto. Levanta e vai cuidar do povo"*[66]. Vendo-se curado de todos os males, Omulu junta algumas cabaças que continham água e remédio da mata, e sai levando a cura para os enfermos da peste. Depois de curar os enfermos, ele varria a região atingida pela peste, com o seu *xaxará*, figura 28. O *xaxará* é uma vassoura mágica que limpava o ambiente por onde passava, é o seu instrumento de cura, o seu símbolo, o seu cetro. Ao voltar para casa, depois de muitos anos, Omulu curou os próprios pais e todos da aldeia. Felizes, eles cantavam em homenagem ao curandeiro que, desde então, passou a ser chamado de Obaluaê, o *Senhor da Terra*. Em outras lendas, enquanto andava pelo mundo, ele se vingou de todos os que menosprezaram a sua autoridade, exigindo total submissão, para que a cura pudesse ser alcançada.

Obaluaê é um dos orixás mais antigos da África[67] e tal condição, em sociedades tradicionais, exige dos humanos uma atitude de submissão mesmo. Assim, a saudação desse orixá pede mais que respeito, exige silêncio e obediência ao Senhor da Terra. Atotô, Obaluaê!

---

[66] Prandi (2016, p. 205).

[67] Da combinação de culturas africanas distintas (na África e nas Américas), deuses de etnias distintas passaram a compor o mesmo panteão.

Figura 28 – Xaxará[68]

O medo dedicado a esse orixá em algumas regiões da África é tão grande que o seu nome não é pronunciado, passando a ser chamado de outras maneiras, como *Babá*, ou seja, Pai. No terreiro da minha avó, não era frequente ele *baixar*, mas quando isso acontecia,

---

[68] Desenho criado por Guran.

todos se ajoelhavam, curvavam-se e, sobre o médium que estava incorporado e deitado no chão, era estendido um pano branco.

Por aquela porta por onde fui retirada uma vez, eu ficava petrificada, só observando o ambiente pesado, com a presença do Velho. Lá na Penha também não era aconselhável pronunciar o nome Omulu, sempre falávamos do Velho. Uma vez, um professor na universidade me perguntou se eu era filha de Obaluaê, por causa dos meus olhos caídos. Realmente, além do inhame com palitinhos e dos acarajés, minha avó às vezes fazia flores de Obaluaê para as minhas obrigações.

Encontrei também alguns textos associando Obaluaê ao sol. E a explicação para o fato de que todos devem abaixar a cabeça e não olhar diretamente para ele é porque ninguém olha diretamente para o sol. E por isso, também, suas roupas teriam que esconder todo o seu corpo, caso contrário, seria uma ameaça para todos nós.

Acredito que, de certa forma, a confusão feita entre a serie-dade e a inteireza exigida por Obaluaê à humanidade, com a imagem de um deus perverso, pode estar relacionada ao que vou chamar de **o mundo de hoje**. Obaluaê impõe obediência ao mais velho.

Ideias referentes à atualidade mostram a inconstância, a superficialidade e a falta de enraizamento, como características das relações estabelecidas entre a maioria das pessoas. Nessa forma de entender o mundo, vivemos amizades sem o aprofundamento dos afetos e dos compromissos. São vínculos baseados no presente, no isolamento, na troca de interesses imediatos. Segundo essa realidade efêmera, os ensinamentos de uma vida inteira, ligada às raízes da tradição são desprezados, assim como os mais velhos são desvalorizados. Com isso, a leveza virtual criada no presente, vale inversamente ao seu peso.

Obaluaê pede inteireza na vida

Vou chamar de inteireza a capacidade que temos de nos relacionar honestamente com os nossos espaços de dentro e de fora. Quando escrevi sobre Ogum e apresentei uma de suas riquezas – conduzir o movimento sempre à frente, criando, inventando, descobrindo e em casos de excessos, atropelando tudo e todos – eu estava me referindo ao mundo externo, o cenário onde realizamos e agimos na vida. No entanto, a habilidade para voltar-se para dentro, para o nosso mundinho onde acontece a elaboração das emoções, ora despertadas pelas ações que realizamos no mundo externo, ora pela *rearrumação* das lembranças armazenadas na memória (conscientes ou não), é o espaço de ação de Obaluaê. Sob a força dele o corpo não deseja avançar, como nos movimentos de Ogum, e a beleza desse orixá está na inteireza da estrutura, no seu peso sobre a terra, na necessidade de deter-se para sentir o que acontece, **sentir** (é existir no corpo) é um dos verbos de Obaluaê. Como ele age? Bem diferente do jogo de cintura de Exu, ou das ações de Ogum. Obaluaê age de dentro para fora, sua presença demanda mudanças radicais, mas não podemos pensar, por isso, se ele é bom ou se é mau.

É lindo observar que os deuses do panteão iorubá estão sempre em movimento, alternando-se na natureza, em busca de manter em equilíbrio todos os elementos criados pelo Ser Supremo, Olodumare. Por exemplo, Ogum com sua intensa ação sobre o mundo precisa diminuir a força para que mudanças profundas (dentro) aconteçam. E as transformações profundas e regeneradoras da sociedade, ou do indivíduo, são alimentadas pela força de Obaluaê. E como as grandes revoluções geram destruição (sofrimento), muitos entendem que o Senhor da Terra traz a dor e por isso, um deus mau.

Voltando à família paterna e partindo de tudo o que aprendi com o meu pai, só posso dizer que a generosidade e a ideia de pertencimento a um mundo maior e terreno foram assimiladas muito cedo, com ele. Também aprendi com o Mazinho, apelido de infância do meu pai, que vale a pena lutar por todas as coisas que **sentimos** serem importantes, mas sempre respeitando o outro lado, independente de quem estiver lá. Isso está tão entranhado em mim, que às vezes penso que sou uma bocó fora de época.

De maneiras distintas, minha avó e meu pai plantaram sementes de generosidade em mim. Aprendi com eles que não interessa aniquilar o outro, mas lutar e a conquistar (ou não) a partir dos meus desejos e ferramentas. No entanto, o aprendizado com meu pai foi da ordem do social; com ele, visualizei que a mistura é sempre melhor que a separação, que o que é bom para mim só seria bom mesmo se fosse compartilhado com todo mundo. Um dos aspectos que Pierre Verger relaciona ao arquétipo de Obaluaê é que: "*as pessoas em certos casos sentem-se capazes de se consagrar ao bem-estar do outro, fazendo completa abstração de seus próprios interesses e necessidades vitais*"[69]. Para os nossos dias, talvez isso pareça doentio, mas não é para quem usa a lente do povo de santo.

Um pensador polonês, Bauman[70], usava a expressão *líquido* para se referir às relações que escorrem sobre a superfície e pouco se aprofundam. Então, agir a partir do sentir (e depois da imaginação) é, de certa maneira, poder refletir sobre a existência e fortalecer os laços humanos. Olhando para trás, vejo que essa foi a *herança criada* que recebi do meu pai. E criar herança é coisa séria, porque depois do legado recebido, ele precisa ser sentido, reinventado, não é presente pronto, não! No **mundo de hoje**, parar e perceber (ouvir, provar, tocar) o que acontece ao redor é algo meio *démodé*, entendido como perda de tempo. Mas é esse comportamento que permite aos homens acompanhar as rápidas mudanças do mundo globalizado, enraizando os pés pelos caminhos. Obaluaê não ameaça os que sentem o próprio peso sobre a terra e valorizam as histórias encarnadas, Obaluaê não tolera a superficialidade.

---

[69] Verger (1981, p. 217).
[70] Bauman (2001).

Obaluaê está nos cemitérios

Obaluaê e Iansã reinam sobre o mundo dos *eguns* (espíritos dos mortos). Segundo uma lenda, eles dividem esse poder porque Iansã, em uma festa entre os orixás, transformou as suas marcas da varíola em pipocas, deixando o rapaz com a pele livre das manchas. Por gratidão, ela recebeu a autorização de Obaluaê para atuar, também, nos cemitérios, participando dos rituais fúnebres. É por isso que vou trazer agora uma cena meio louca, meio cômica, que diz respeito ao domínio do Senhor da Terra no encontro das primas.

A cena bizarra aconteceu no primeiro dia do encontro (lembra da reunião familiar que eu comentei no início?) Pois bem, na sexta-feira em que elas chegaram de Belo Horizonte, depois de desencontros no aeroporto, uma confusão medonha até chegar ao meu apartamento, finalmente as cinco mulheres, três de Minas Gerais (Zali, Kika e Carla) mais Gisele e eu do Rio, encontram um lugar para jantar, petiscar ou simplesmente matar as saudades de anos sem se ver. Imagine se essa família não tem uma energia forte de Obaluaê! Desde o momento em que sentamos para fazer os pedidos, ficamos por mais de uma hora falando de enterros, chegando ao requinte de antever a necessidade de novas exumações para que os próximos defuntos possam ser alojados sem grandes dificuldades! (No caso, dificuldades para os vivos...).

Tudo começou quando minha prima mais velha, a Zali, pediu para que visitássemos o nosso jazigo de vez em quando, já que ela mora em Minas Grais e o cemitério do tal jazigo fica em Friburgo (RJ), e eu perguntei, pra quê? Ah, dei o *play* no nosso enredo! Nisso, todos os mortos já estavam no Humaitá[71], participando da conversa. Tanto os queridinhos de que falamos com doçura, rindo das gracinhas feitas por eles há uns 40, 30, 20 anos, como aqueles que nós ODIAMOS!

---

[71] Bairro próximo a Botafogo.

Uma característica forte dos nossos pais era atacar para se defender, por isso eles *descascavam* em cima das criaturas que se metessem com um deles. Ao mesmo tempo, era engraçada a *paparicação* entre os filhos de dona Zila que chegavam ao cúmulo de usar as palavras *coitado* e *coitada* para se referir aos irmãos. Eles se amavam e se odiavam também, porque *o coitado* podia dizer alguma coisa e ser mal-entendido, pronto, eles ficavam *de mal* durante anos. A única que ficou acima de qualquer fofoca foi tia Wilka: irmã mais velha, mulher forte de cabelos negros, com traços indígenas marcantes da nossa avó. Tia Wilka era a matriarca dos Bastos, ela cuidava dos irmãos como podia. Como no caso dos últimos dias de vida do meu pai. Mesmo morando com a sua companheira, em Friburgo, ele foi carinhosamente assistido pela tia Wilka, quando ela já tinha mais de 80 anos, e se manteve ao lado dele até a morte.

Uma frase implacável dos Bastos é: EU TENHO UM ÓDIO de fulano! E as minhas poucas lembranças com a família paterna é recheada dessa frase cheia de *obaluaezice*. Mas isso já perdeu a força, uma geração de força. No entanto, deixar o passado no passado não é coisa da nossa família!

Figura 29 – Cadeia Anteromediana[72]

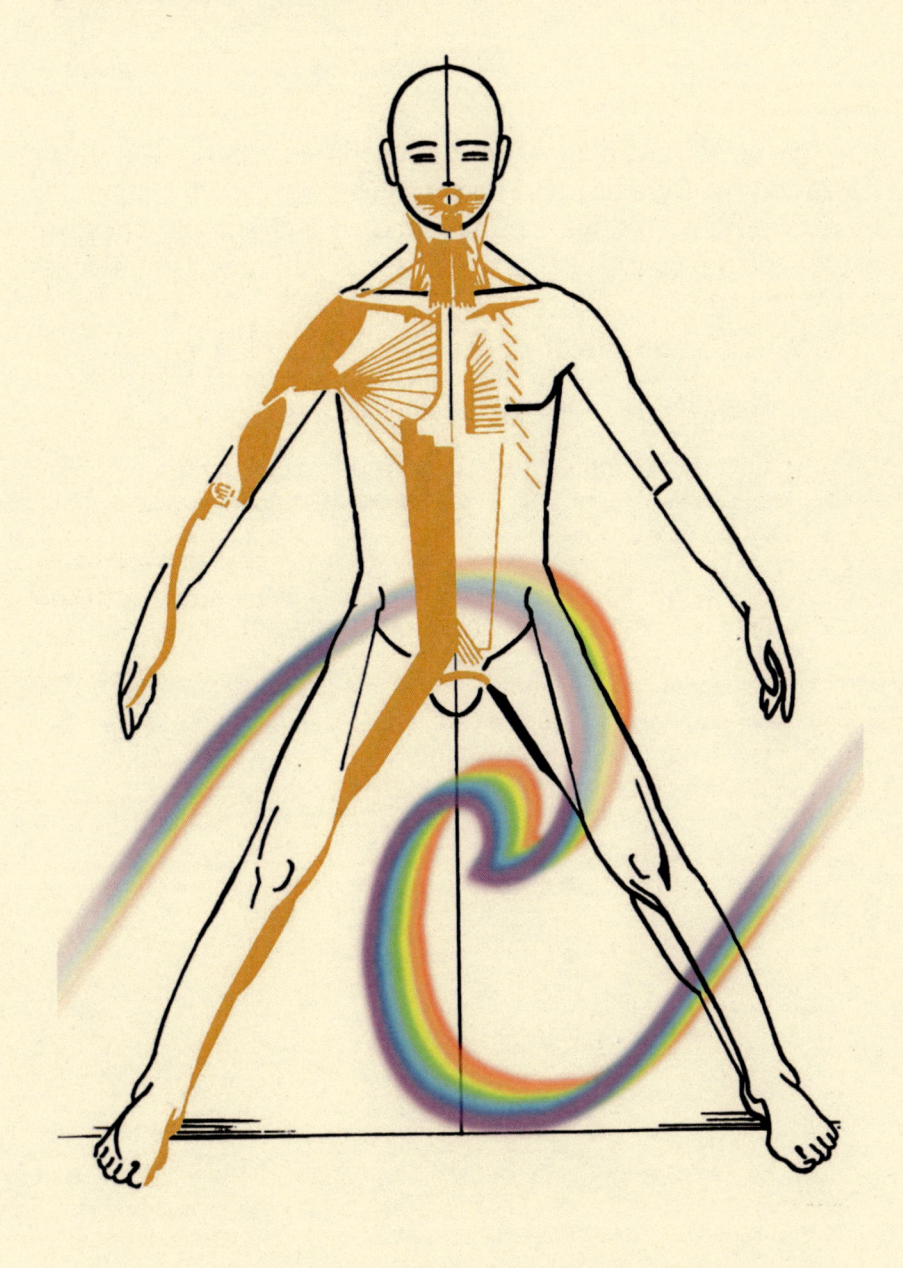

_____

[72] Desenho criado por Guran, a partir da imagem de Denys-Struyf (1995, p. 53).

MÚSCULO

Comecemos com o **ditado de corpo** para representar a expressão da Cadeia AM.

Na pulsão PM, espero que você ainda se lembre, o seu corpo ficava como a Torre de Pisa, empertigado e pendendo para frente; na pulsão AM, a história é outra. O corpo é levado para trás e a pessoa, de pé, precisa realizar mais curvas e flexões para manter-se em equilíbrio.

Vamos ao **ditado** observando a figura 30.

• Faça uma leve flexão de joelho. (1)

• Com os pés juntos e o eixo para trás, apoie bem o peso nos calcanhares, sem tirar os dedos do chão. Sinta o desequilíbrio para trás. (2)

• Abaixe um pouco seu peito (uma dica boa é apoiar uma das mãos no osso esterno, na altura do coração). (3)

• Dependendo do tamanho do movimento do seu corpo, a cabeça vai para frente e para baixo, ok, mas tente mante o olhar no horizonte e congele essa postura.

Figura 30 – Expressão Obaluaê-AM[73]

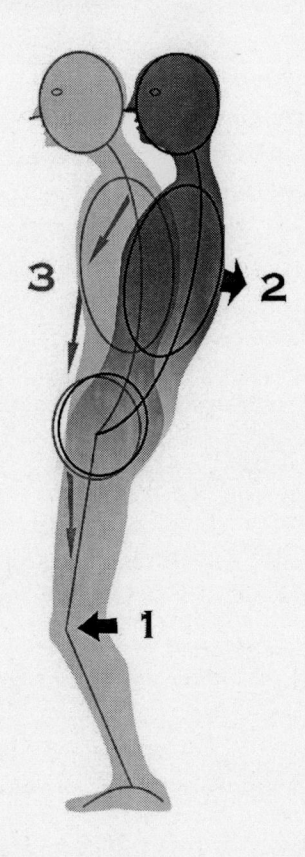

Qual a sensação que te chega?

- Aos poucos, tente andar lentamente e perceba se essa posição é confortável, ou não.

- Mude de velocidade, mas mantendo a expressão AM, ora mais rápido, ora mais devagar.

---

[73] Desenho de Guran, a partir da figura de Campignion (2003, p. 23).

Qual das velocidades é melhor para andar nessa atitude?

Como não tem certo nem errado nas nossas atitudes, segundo o Método GDS, pelo menos uma coisa eu posso afirmar: andar rápido com o corpo pendendo para trás e para baixo é um esforço danado, pois a família dos músculos anteromedianos (AM) se manifesta na atitude de proteção, acolhimento ou espera.

A figura 29 representa o encadeamento dos principais músculos AM que são:

- **Grácil e gastrocnêmio medial** (flexão do joelho).

- **Adutores e períneo** (aproximam as coxas, estabiliza a bacia aproximando os ísquios).

- **Reto do abdome e peitoral maior** (aproximação medial entre torácica e bacia e aproximação dos braços).

Grosso modo, a cadeia AM se manifesta nos corpos de pessoas que dão a impressão de que estão bem apoiadas, e em alguns casos deixam transparecer uma falta de vigor, devido ao arredondamento da coluna na altura das costelas (torácica) e leve flexão dos joelhos. Mas a Cadeia AM nos acompanha desde muito cedo[74].

Na apresentação deste livro, para explicar a expressão *leitura de traços*, precisei comentar, de forma breve, sobre as restrições *lógicas* do bebê (não há racionalidade) e o fato de que nessa etapa da vida conhecemos o mundo graças às sensações e às ações motoras. É um período sem gesto, porque são realizados movimentos sem intencionalidade, demasiadamente instintivos e o bebê só responde aos estímulos de forma involuntária, ou seja, reflexa. Outro aspecto referente às primeiras fases do desenvolvimento humano, desde a concepção, são as rápidas transformações pelas quais passamos. Desde a barriga da mãe, uma caverna arredondada que

[74] Trindade (2016, 2007) e Denys-Struyf (2019, 1995) são referências teórica sobre o desenvolvimento humano.

acolhe o ser em formação, e a posição fetal, que o bebe se enrola em excessiva flexão anteromediana; a Cadeia AM se faz presente.

A posição do bebê na vida intrauterina ilustra o excesso do enrolamento do corpo, em que a pressão da água sobre a pele da criança, com temperatura agradável e relaxante, gera um ambiente seguro e tranquilo. Essa zona de proteção é necessária para que o acolhimento do feto seja realizado e, ainda, a sua sustentação continue até o momento do parto. No início, mesmo sem saber da gravidez, é o corpo (biológico) da mãe que cria o ambiente aconchegante, somente mais tarde, é a atitude dela que filtrará estímulos que possam prejudicar o enraizamento do bebê. Ainda, é nessa vida diária que a grávida possibilitará uma comunicação agradável, ou não, entre o ser que se desenvolve e o mundo de fora. Na vida intrauterina os movimentos são involuntários e a percepção do ambiente é o único código assimilado pela criança. A comunicação acontece entre corpos, tanto na hora da alimentação, como na percepção dos movimentos dos dois, mãe e bebê.

No parto, PM atravessa um momento AM

Quando a mãe expulsa o seu filhote para que ele continue o crescimento fora do seu corpo (o corpo da mãe expulsa o bebê, que já se prepara para esse momento), a cadeia PM entra em ação no corpo do bebê e aciona músculos responsáveis pela extensão da coluna, até a cabeça. É o momento que a criança se lança no mundo realizando uma hiperextensão da cervical (quando o queixo sobe e a nuca abaixa[75]). No entanto, logo ao chegar nesse mundo de nós todos, o recém-nascido volta-se para a posição arredondada e levará algum tempo para diminuir a sua flexão anteromediana (AM).

É importante que o recém-nascido não seja estimulado à ereção da coluna, mesmo que reflexos despertem essa retificação. O corpo enrolado gera baixa tensão na musculatura posterior e isso tem a ver com a sensação de maior conforto. Observe um bebê chorando, ele se estica todo numa expressão de irritação, pois tal

---

[75] Também ocorre o movimento de rotação da cervical.

posição é proveniente de excessiva contração/tensão muscular posterior. No entanto, tão logo a sua vontade seja atendida, suas formas arredondadas, em flexão, retornam e ele dorme. A cadeia PM é importante para a criança, mas em estágios mais adiantadas do desenvolvimento humano.

Ambiente e estímulos de todas as ordens agem sobre o recém-nascido, participando de um complicado processo formado por fases de desenvolvimento. Durante esse período, é importante que tudo se encaminhe dentro de uma harmonia para que, aos poucos, a criança garanta a conquista de gestos justos. No processo de amadurecimento (biológico) e aprendizado, é importante manter a sintonia entre os aspectos: sensório, motor e lógicos. Assim, profundas transformações ocorrem de maneira progressiva, sincrônica e o corpinho deixa o excesso de flexões para verticalizar a coluna e estender seus os bracinhos e perninhas. Aos poucos, realizando gestos cada vez mais elaborados, como bater palminhas e mandar beijinhos, o novo ser humano começa a se inserir na cultura ampliando sua capacidade de simbolização. A introdução ao mundo da representação, ou seja, do simbólico, a exemplo da comunicação verbal, acontece graças aos exercícios diários realizados durante as brincadeiras e conversas com o bebê, isso, desde o seu nascimento. Imaginar uma cadeira sem ter uma cadeira por perto, é o resultado de um exercício da comunicação, comentei sobre isso na primeira parte do livro.

Pessoas realizadas em atitude AM

São pessoas que olham para dentro e têm a tranquilidade para perceber e lidar com os próprios sentimentos, são aquelas que valorizam o que o corpo sente e buscam se relacionar com os sentidos: tato, audição, visão, olfato, paladar. Com certo grau de paciência e sensibilidade, elas são capazes, também, de lidar com as lembranças de maneira rica e criativa. Por causa desse perfil, em muitos casos, são elas as amigas, parentes, profissionais, com o dom de curar. A cura a qual me refiro está relacionada ao fato de haver generosidade para se *sensibilizar com*, de se colocar no lugar do outro. É uma cura no sentido de reduzir a dor do outro, isso, pelo simples fato do acolhimento. Tais curandeiros nem precisam ter especialização, ensino formal, eles têm a empatia para se relacionarem com o as sabedorias dos antepassados e entendem que esses conhecimentos podem ser importantes no presente. A expressividade da cadeia AM demanda o sentir para existir, em um corpo receptivo, acolhedor. Nesses momentos o senso de compaixão e ternura alimentam as pessoas e os tornam mais potentes em suas realizações. Todos têm a possibilidade de viver a expressão AM, com maior ou menor intensidade.

O exagero da cadeia AM

Os músculos do períneo e adutores têm as funções, respectivamente, de aproximar os ísquios e juntar as coxas, O reto do abdome, quando fica muito ativo, enrola o tronco para frente e a pessoa parece que prendeu a gravata no zíper da calça, chegando mesmo a criar uma corcunda. O grácil e o gastrocnêmio, quando encontram se com excesso de tensão flexionam os joelhos e não deixam esta articulação fazer a extensão, comprometendo a função de ajuste (Exu-AP) e a verticalização da tíbia (Ogum-PM). Nesse quadro, a facilidade do corpo ir ao chão é grande.

As pessoas bem mais velhas tendem a ganhar tal atitude, mesmo que parcialmente, e, em muitos casos com alunos, nem sempre essa falta de extensão se deve à falta de força da musculatura da coxa (quadríceps), mas pelo exagero de tensão nos músculos flexores do tronco e dos joelhos. Ou seja, é a Obaluaê-AM agindo no excesso. Evidentemente que uma coisa puxa a outra, e outros músculos não conseguem cumprir com as suas funções (coxa). Portanto, é necessário dar aos músculos anteromedianos maior segurança e mobilidade para que eles voltem a adquirir a capacidade de funcionar (contrair e alongar), com ritmo (Olha Exu-AP, aí!), permitindo que a tensão circule entre todas as cadeias.

Uma dica: se os joelhos não estendem porque os músculos da Cadeia AM ficam encurtados, não entre no papo de fortalecimento do quadríceps e musculatura das costas, isoladamente. Dê ritmo ao corpo, abra seus gestos, aumente a sensação de segurança nas atividades físicas e diárias. Ou, procure um profissional que veja o corpo humano em três dimensões, de forma holística e expressiva. A Cadeia AM grita aos quatro cantos: *não somos máquinas!*

Figura 31 – Dança de Obaluaê[76]

---

[76] Foto e ilustração de Vander Borges.

DANÇA

Os músculos da Obaluaê-AM, responsáveis pela nossa pulsão para trás, para baixo e para dentro (do umbigo) são acionados no corpo do bailarino (figura 31), quando dançamos para Obaluaê. Pierre Verger mostra essa expressão corporal, no Benin, nos rituais consagrados a este orixá da cura (figura 32). A imagem do ritual africano é uma curiosidade, pois *Entre o Mito e o Músculo* refere-se às danças criadas na Escola de Mercedes Baptista.

Figura 32 – Templo de Omulu na região de Holi[77]

No trabalho que desenvolvo com aulas de educação postural, quando preciso diminuir a pulsão de Ogum do aluno, ou seja, da cadeia PM, distribuo o apoio dele por todo o pé, dos dedos até os calcanhares, onde acentuo o seu peso. Além disso, deslizo a minha mão no osso esterno, na direção do umbigo e solicito ao aluno que desaferrolhe[78] os joelhos, reduzindo ainda mais a tensão

---

77 Verger, P.F. Orixás (1981, p. 226).
78 Desaferrolhar os joelhos é criar uma microflexão nessa articulação.

nos músculos posteriores. Assim, a pessoa já enraizou, diminuiu seu ímpeto de avançar, e com isso transferiu o seu eixo para trás e para baixo.

Os movimentos executados pelos dançarinos manifestam o sofrimento de uma vida atormentada por coceiras, dores e febre decorrentes da varíola. Os gestos expressam o peso do sofrimento e da história de quem está na terra, há muitos anos vagando, entre matas e aldeias, curando e exigindo respeito. O seu humor casmurro, ensimesmado, enrola ainda mais o tronco dos artistas durante as coreografias a esse orixá.

Por isso, o som do *opanijé* forja no corpo do artista uma postura, em que os joelhos fazem uma semiflexão, a coluna enrola, as mãos, às vezes, põem-se em forma de garras viradas para o tronco, e os braços se alternam na frente e atrás, tudo com gestos amplos sem que as mãos toquem no tronco. São movimentos que representam o sofrimento de um homem que sente muita coceira, esta, uma das marcas cruciais da dança do Senhor da Cura. Nos deslocamentos, ou na simples mudança de direção, é possível que saltos sejam realizados na contagem de quatro tempos (1, 2, 3, salto).

Obaluaê tem o mistério que mora no espaço mínimo, entre a saúde e a doença. Sua força ampara-se na sabedoria do passado, por isso pode permanecer inteiro por gerações acompanhando um mundo de evoluções. Na dança de Obaluaê, esse mistério é estampado nos movimentos das palhas que têm vida, que circulam pelo espaço, afetam a todos pelo toque do que não é visto.

O bailarino quando dança para Obaluaê sente mais o seu peso no chão. O osso sacro do artista *foge* para baixo e para frente, imprimindo movimentos lentos e voltados para a terra. Em muitas coreografias são realizados gestos que representam a dimensão corporal de Obaluaê, com expressões relacionadas aos sentidos, com o indicador apontando para os olhos, bocas e palma da mão. Por outro lado, o mistério com a ocultação de sua matéria aparece na dança, quando o figurino do orixá exige que o corpo do bailarino seja coberto com as palhas que se movem aos passos da coreografia e, mesmo assim, ocultam o que não pode ser visto por ninguém. Ou, palha que protege a humanidade da irradiação de intensa luz.

Eis o Divino Corpo!

Atotô, Obaluaê!

Atotô!

Obaluaezices

Nos mitos de Obaluaê, podemos perceber que o orixá se relaciona com o mundo em busca de respeito, admiração, obediência, ou seja, demandando afeto. O excesso das ações de Obaluaê-AM, ao gerar um desequilíbrio, pode levar à diminuição do movimento físico e a comportamentos construídos a partir dos sofrimentos de vida infeliz.

Obaluaê apresenta uma grande tendência à interiorização, sensibilidade, lembrança, prudência e imobilidade. No estado de **obaluaezice** as distorções causam o fechamento em si mesmo, tornando-se ressentido e aprisionado em ideias de vinganças. Por ter uma fixação no passado, a melancolia aparece aliada ao lamento, pela falta de esperança no presente e/ou descrença no futuro. Sua representação física enforma uma imagem com joelhos que não estendem, engessando uma flexão, corcunda e ombros caídos.

Nos momentos de ressentimento, ou seja, do prolongamento de determinado afeto doloroso, no contínuo "re-sentir", a vingança chega e prende Obaluaê no passado. Na **obaluaezice**, instala-se o desejo de punir ou desprezar o (suposto) agressor. É uma fase de perda de ritmo e espontaneidade e aí, danou-se! O destempero desse orixá gera uma fixação no sofrimento com pouca capacidade criativa, em que um casulo protege o seu individualismo. Talvez só a arte dê leveza ao momento.

A novidade não pode chegar em uma vida repleta de mágoa e isolamento, pois isso abafa a alegria. Em muitos casos, o vazio de afetos alegres tende a ser compensado com o desejo de acumular coisas e mais coisas, ou seja, o ressentido pode buscar preencher o *oco triste* com matérias sem um significado que o alegre. Assim, o objeto compensa a ausência dos prazeres dos afetos alegres.

De maneira bem popular, a **obaluaezice** fala de pessoas com atitudes bicudas, ranhetas, e sensíveis demais. Quando tomadas por ódio são coléricas, o que causa surpresa geral, pois frequentemente Obaluaê é dotado de muita compaixão. Nessa fase descompensada, ao ser orientado pelo sentimento de grande falta, de lembranças constantes (às vezes fictícias) de um mundo bom que ficou no passado; o presente pode ser aterrorizante. O estado de angústia, pela falta de esperança, é frequente e, em defesa, acentua o fechamento sobre suas dores. A **obaluaezice** gera a *hipervalorização* dos problemas reais ou hipotéticos, gerando, por exemplo, a hipocondria e a depressão.

Desse ponto de vista, o sujeito pede afeto, carinho, respeito e confiança para agir sobre o espaço. O excesso de energia Obaluaê-AM cria tiranos coléricos, violentos, pois isso se deve a sua forma de defesa que cria ataques ao mundo exterior, quando se vê minimamente ameaçado. Tristeza e ameaça, sinais detectados pelo radar de um sujeito ensimesmado que não vai à realidade em busca de trocas, da justa medida. Não é à toa que os *itans* (conjunto de mitos) de Obaluaê também contam histórias de um deus abandonado, jovem muito rebelde, indisciplinado, que transgredia desde as obrigações impostas por Olodumare, até as leis das cidades por onde passava.

XANGÔ E CADEIAS POSTEROANTERIORES (PA)

Figura 33 – Expressão de Xangô[79]

---

[79] Fotografia de Márcio Miranda e ilustração de Tauan Carmo.

XANGÔ

Xangô é Rei!

Para os iniciados em coisas de macumba, eu poderia encurtar a mitologia desse orixá pela metade. Xangô se caracteriza por sua constante luta por poder, assim como os reis que têm prazer em entrar em guerra no desejo de ampliar sua autoridade sobre os territórios vizinhos, no entanto, o encanto de Xangô é bem maior que sua ânsia por conquista.

Na quarta dupla orixá/cadeia que apresento, mais uma vez, a peculiaridade do orixá se antecipou à minha escrita duas vezes, por isso vou contar aqui, afinal, como se trata de um livro sobre leitura de traços, todo pingo é letra. Os casos aconteceram quando eu estava finalizando o capítulo anterior, Obaluaê e a Cadeia AM, e ao mesmo tempo já ficava imaginando como faria para abordar os feitos de Xangô, o quarto Rei de Oió, região entre a Nigéria e o Benin (figura 34).

Figura 34 – Reino de Oyó[80]

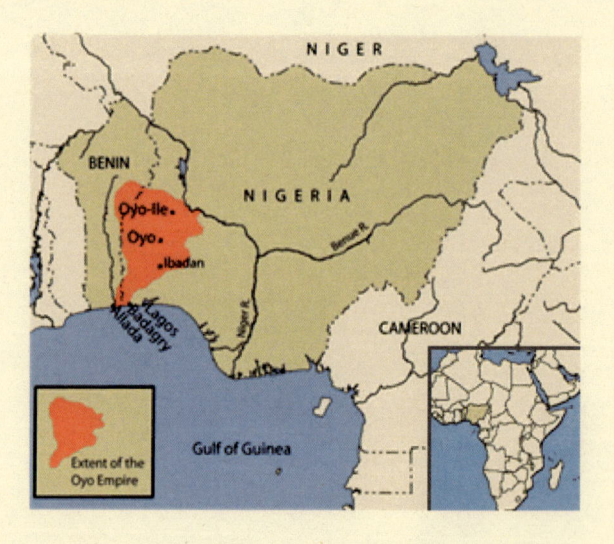

80   O Fascinante Universo da História. Disponível em: http://civilizacoesafricanas.blogspot. com/2009/10/o-reino-de-oio.html. Acesso em: 7 jul. 2019.

Antes que pudesse pensar muito sobre o tema, o orixá do fogo chegou ao apartamento vizinho, onde me encontrava. Era tanto fogo, que as labaredas se espalharam por mais três residências, foi uma grande confusão com os bombeiros tendo dificuldades em acabar com incêndio e, ao mesmo tempo, alguns moradores ficaram acuados no terraço. Felizmente ninguém foi atingido, no entanto, a situação foi bem diferente no que se refere às perdas materiais. Mas o apartamento da minha mãe, onde me encontrava só, perdeu somente dois tapetes, nada mais! Viva a engenharia dos prédios antigos de Copacabana e suas paredes largas!

O segundo episódio foi sutil, muito sutil mesmo! Enquanto eu separava livros, pontos de terreiro, sites e tudo que pudesse informar sobre o mito de Xangô apareceu na minha página do Facebook um vídeo bárbaro com BB King e Albert King – dois reis afro-americanos da guitarra. Eu achei coincidência demais ser visitada por tantos *kings* (reis) negros numa noite só. Xangô é Rei Negro!

Xangô, como Exu, é orixá do fogo. Inclusive, foi este último quem preparou a poderosa magia para que Xangô fosse o único orixá a lançar fogo pela boca e impor temor aos seus súditos. Mas por um desvio de estratégia, sua pretensão titânica foi alterada, pois uma de suas mulheres, a curiosa Iansã, também conseguiu tal poder. Na função de mensageira, ela roubou e experimentou a magia que Exu acabara de lhe entregar. Iansã provou da porção a ela confiada, pelo rei, seu marido. Assim, ainda sem conseguir controlar sua nova aquisição, ao chegar ao palácio e entregar a porção ao marido, Iansã começa a botar labaredas pela boca. Xangô, sentindo-se traído, irrompeu como uma tempestade incontrolável e se jogou numa perseguição furiosa à traidora. Iansã fugiu a tempo!

Xangô ficou tão irado, que tentou de todas as formas alcançá--la com seus poderes. Foi uma sorte, pois ela conseguiu se esconder entre alguns carneiros que se encontravam próximo ao palácio de Xangô. *Jacutá* (o Atirador de Pedras) tomado por uma estrondosa cólera matou, com as suas pedras de raio (*edun-ará*), todos os animas que ali pastavam, e Iansã, assim, conseguiu sobreviver. Em uma de suas lendas, é por gratidão que Oiá (outro nome de

Iansã) e seus devotos não comem carne de carneiro, afinal, foram os corpos desses animais mortos que ocultaram a fugitiva da ira do Deus do trovão.

Graças ao tempo e à intervenção de muitas pessoas, bem mais tarde, Xangô manda chamar Oiá, que volta para assumir o seu papel de esposa de Xangô.

O Rei destrói a aldeia

Sem saber como usar a magia encomendada a Exu, devido à confusão criada por Iansã, Xangô se dirige a região mais alta da sua cidade, para que ainda se mantivesse sob a sua vista, e resolve experimentar o pó vermelho de Exu. Prandi conta que Xangô:

> Colocou um pouco do pó vermelho na língua
>
> e, quando expirou o ar dos pulmões,
>
> uma enorme labareda jorrou de sua boca,
>
> depois outra e mais outra, sem parar.
>
> As chamas se se estenderam por sobre toda a cidade,
>
> lambendo os telhados de palha das casas de seus súditos
>
> e também as dependências do palácio real.
>
> Um grande incêndio tomou conta de Oió.
>
> Tudo foi consumido pelo fogo até às cinzas.
>
> Oió foi destruída e teve que ser reconstruída.
>
> Depois que a cidade ressurgiu de suas cinzas,
>
> Xangô continuou a governa-la.
>
> Em tempos de guerra,
>
> Ou quando as coisas o desagradam,
>
> Xangô arremessa as pedras de raio.
>
> E o fogo da boca de Xangô queima seus desafetos.[81]

---

[81] Prandi (p. 266-267).

O Rei de Oió tinha três mulheres, além de Iansã, também eram suas companheiras, Obá e Oxum. É bom que fique claro que monogamia não era um aspecto da cultura iorubá e muito menos de outras tantas que, ainda, existem no continente africano (não vou falar de países, apenas de culturas, porque a atual divisão geográfica da África foi traçada por réguas europeias e conforme os interesses dos colonizadores).

Sobre esse tema familiar, é bom saber que sempre haverá uma rivalidade entre os irmãos, Xangô e Ogum. Tal fato se deve por causa de alguns episódios, como Oxum e Iansã terem fugido de Ogum, o antigo marido das duas, para se casarem com Xangô. Outro motivo é explicado em uma das lendas que fala do roubo da coroa de Ogum, por Xangô. Segundo o mito, durante a coroação de Ogum, Xangô se aproveita de uma situação para tomar o lugar do irmão e, dessa maneira, é Xangô que recebe a coroa de rei. O sucesso de tal golpe tem a ver com a formosura de Xangô, que ao se arrumar com zelo, vestindo-se com saiote colorido, usando braceletes e brincos, acaba por conquistar a todos, ao ponto de se sentar e tomar o trono de Ogum, com o consentimento do povo. Nos terreiros de candomblé, inclusive, é possível haver danças-duelos, quando os dois orixás estão incorporados nos *iaôs* (filhos de santo iniciados).

Altivez, sedução, valentia, elegância, retidão, generosidade, equilíbrio são características do orixá que reina sobre as tempestades, trovões, raios e vulcões. Seu senso de justiça é intenso, ele torna-se intolerante com mentirosos, traidores ou qualquer inimigo. Mas como Xangô pode ser considerado o orixá da justiça e ao mesmo tempo ser intolerante? Porque existe uma postura nas conquistas desse orixá que merece reconhecimento. Quando Xangô vencia a guerra, o que era algo comum devido à sua excelência nas batalhas, ele matava todos os líderes do exército inimigo, no entanto, poupava os soldados e a população da cidade vencida, por compaixão. Dessa forma, ele tornava-se um líder justo, empenhado em melhorar as condições do povo e gerar fortuna para a cidade conquistada, e isso cativava os vencidos. Portanto, além dessa generosidade, é comum a Xangô se relaciona de maneira tolerante ao relevar aborrecimentos cotidianos, ao mesmo tempo, que acolhe a todos com grande fartura.

Na África, a admiração a esse orixá é tão grande que, Segundo Verger, em regiões devotas de Xangô, quando um raio cai em uma casa, os donos da casa precisam pagar certo valor aos sacerdotes do orixá, que são autorizados a cavar o chão onde o raio caiu para recolher a *pedra de raio* (*edun-ará*) lançada por *Jacutá*. Caso a *pedra de raio* caia em alguém, essa fatalidade tem um significado degradante, pois todos saberão que a pessoa foi punida por Xangô.

Leitora, há algumas décadas, ouvi uma história trágica: uma mulher foi atingida por um raio ao atravessar uma das ruas de Ipanema (área nobre do Rio). Apesar de, na época, não ter conhecimento da punição de Xangô, me diverti um pouco com o fato, pois de forma irônica achei que aquela criatura tinha sido escolhida, a dedo, pelo Deus católico, que às vezes não perdoa mesmo e, zaz! Mas depois dessa história de lançar *pedra de raio* fiquei preocupada. Se por um lado, é muito prazeroso ficar assistindo as tempestades, por outro, tenho pavor de tomar choque. Nos últimos tempos, tenho me deparado com uma ambivalência terrível, continuo na varanda assistindo ao temporal, ou fecho as janelas e olho por de trás do vidro? Sério, aqui não tem carneiro e vai que Xangô não anda muito tolerante com as filhas de Oiá! Os seguidores das religiões, de matriz afro, se servem de generosas doses de imaginação e prudência.

Generosidade de Xangô

Iracema era de Xangô e, não sei se já comentei que eu não comia tomate, nem cebola, nem nada, eu era uma criança que detestava comer. Mas como eu era magérrima e ela, graças aos deuses, tinha momentos de total indulgência para com a neta, acabava fazendo, só para mim, macarrão *cabelinho de anjo* na manteiga. Sim, fui bem mimada em dias de indulgência, mas nos outros dias, era bolinho de fígado e uma variedade de ensopadinhos que, com a idade, fui aprendendo a sobreviver e a engordar os gatos da rua, no IAPI da Penha. Isso mesmo, para alegria dos bichanos eu jogava tudo pela janela. Mas tinha um motivo para tal peraltice, quando um dos netos (normalmente eu) não comia, a avó embirrava e não deixava a criança descer para brincar na rua! Então, como me era insuportável ficar de castigo, tive que me virar.

O que importa é a generosidade que ela tinha com todo mundo, meu irmão e meus primos devem ter histórias parecidas. Eu me lembro de quando a vovó ficou doente e sem condições de andar, aí, ela mandava as empregadas (Xangô manda) preparar alguma coisinha que os netos gostassem. Uma vez, no aniversário do meu primo Evandro, ela providenciou tudo e ele ganhou um bolo todo azul. Ninguém sabe o porquê do azul, mas o fato é que ela sempre tinha uma coisinha para oferecer para os netos.

Até os vizinhos eram beneficiados pela bondade da dona Iracema. Em épocas que tuberculose era uma doença ameaçadora, ela fazia umas vitaminas e levava, pessoalmente, para um vizinho doente. Os filhos de santo podiam contar com ela, mesmo fazendo muxoxo ela atendia a todos. Na ordem desse desapego, tão comum a dona Iracema, ela pegava dinheiro com as filhas e distribuía para uma legião que contavam com a ajuda dela. Ainda tinha os bichos abandonados que a vovó alimentava, tomava conta, levava ao veterinário, essas coisas de quem cuida de toda a família!

Na adolescência e por vários motivos que interferiam na minha visão sobre as coisas da vida, passei a achar que a minha avó macumbeira, por ter a facilidade de compartilhar entre os seus, era mais comunista que o meu pai. Xangô é dadivoso, e as festas em sua casa são de uma fartura sem medida.

A lenda escolhida do livro de Prandi sobre a generosidade de Xangô é uma das mais bonitas.

Quinze *odus* (16 entidade relacionada ao destino, ao jogo de adivinhação, mas aqui darei o sentido de "orixá", como ouvi de uma mãe de santo) foram aos adivinhos para saber como melhorar a vida, mas o *odu* Xangô, por ser considerado pobre, não foi convidado para o encontro. Nos jogos de adivinhação recomendaram que os 15 fizessem um *ebó*, mas nenhum deles se preocupou em realizar o preceito indicado. No entanto, o décimo sexto *odu*, Xangô, quando soube da obrigação imposta pelos adivinhos, prontamente a realizou e com muito zelo.

Em outra reunião dos 15 *odus,* agora na casa de Olodumare, o *Ser Supremo*, Xangô também foi excluído. No final da visita, quando os 15 saiam felizes, eles foram chamados de volta por Olodumare, para que ele pudesse presentear cada um dos orixás com uma abóbora. Apesar de ficarem surpresos, os 15 aceitaram o presente e continuaram no caminho de retorno, no entanto, como não tinham comido nada no palácio do *Ser Supremo*, começaram a ficar com fome. Foi aí que resolveram parar na casa de Xangô para fazer uma pequena refeição. Prontamente, Xangô ofereceu tudo o que tinha na casa e ainda foi necessário que sua mulher buscasse mais alimento para saciar a fome dos 15 visitantes. Na despedida, eles resolveram deixar para Xangô as abóboras presenteadas por Olofim (outro nome do *Ser Supremo*). Era claro, que longe de generosidade, esse ato era mais uma forma de se livrar do estranho presente.

Mais tarde, quando Xangô sentiu fome,

sua mulher o repreendeu por sua generosidade extremada.

Tudo o que havia de comer fora dado aos odus,

que nem sequer o trataram com a camaradagem dos colegas.

E por não ter mais o que comer,

Xangô abriu uma das abóboras com a faca

E descobriu que dentro havia muitas pedras preciosas.

Xangô correu todo alegre e ansioso para mostrar aquelas pedras

[...]

Xangô foi para casa e abriu cada uma das abóboras

e cada uma continha um tesouro inimaginável.

Xangô tornou-se muito rico, o mais rico habitante do lugar.

Construiu um palácio e comprou cavalos das melhores raças.[82]

Os *odus* até tentaram reaver as abóboras, mas a justiça foi feita por Olodumare e Xangô se tornou o *odu* mais rico do que todos eles juntos.

O fogo para cozinhar

Havia um homem, há muito tempo, que recebeu de Exu e do Deus Supremo todos os ensinamentos sobre os segredos do mundo, seus poderes podiam ser usados para o bem, como para o mal. Em troca, Oxalá, Xangô e Ifá pediram ao potente feiticeiro uma grande festa, mas com as novas qualidades de oferendas, eles já não se satisfaziam com alimentos crus, os deuses queriam comida cozida. Foi assim que este homem, na encruzilhada, pediu

---

[82] Prandi (2016, p. 269).

a Exu que o ensinasse a usar o fogo. Depois da espera de três dias e três noites, sem que Exu o atendesse ele começou a escutar estalos que vinham da mata. Os estalando eram os galhos das árvores que roçavam uns nos outros, parecia que riam dele. O feiticeiro ficou contrariado com a brincadeira e pediu a ajuda de Xangô, que lançou pedras de raio, transformando os galhos em brasa.

> *O homem apanhou algumas brasas*
>
> *e as cobriu com gravetos*
>
> *e abafou tudo depois colocando terra por cima.*
>
> *Algum tempo depois, ao descobrir o montinho,*
>
> *o homem viu pequenas lascas pretas. Era o carvão.*[83]

Depois, entre umas pedras, ele juntou um pouco de carvão com as brasas que ainda queimavam, e finalmente o feiticeiro obtém o fogo necessário para o cozimento dos alimentos dos orixás. Dessa maneira que foi inventado o fogão, graças à ajuda de Xangô.

O uso do fogo para o cozimento de alimentos foi um salto para a nossa civilização, pois com a invenção do fogão, mesmo que em decorrência dos interesses dos orixás, nos distanciou, mais ainda, dos outros animais. Mais do que cozinhar, o que já nos trouxe grandes ganhos para a nossa evolução, que quero chamar a atenção para a possibilidade do **planejamento** que é realizado quando um alimento é cozido para ser consumido. Pense no cenário necessário para que um simples inhame seja processado e servido. **Planejar** é um verbo de Xangô. Repito, as festas em casa de filhos de Xangô são fartas e acolhedoras, e isso se deve ao requinte dessas pessoas, na hora de idealizar o evento, é uma delícia participar de um simples almoço na casa onde reina Xangô.

---

[83] Prandi (2016, p. 258).

Figura 35 – Cadeia Posteroanterior[84]

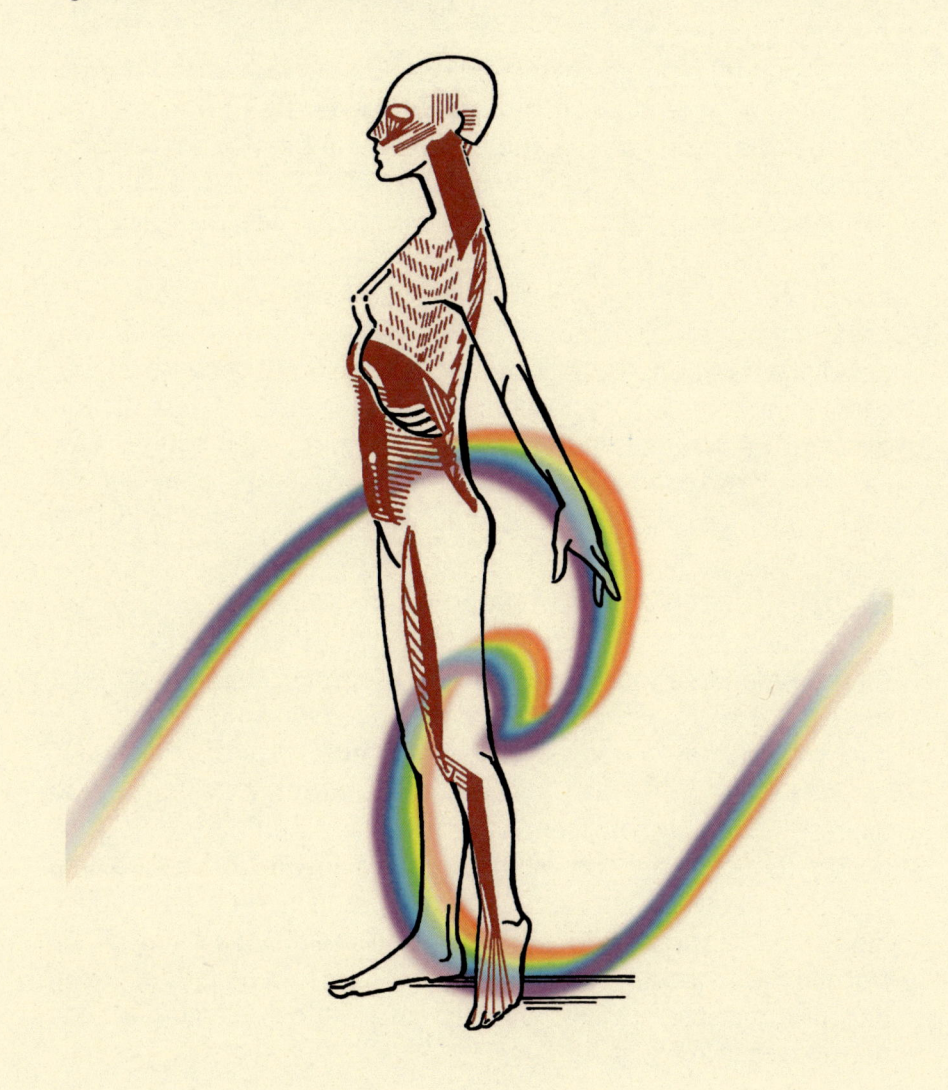

---

[84] Desenho criado por Guran, a partir da imagem de Denys-Struyf (1995, p. 63).

161

MÚSCULO

Adiantei algumas características da dupla Xangô-PA (posteroanterior), quando fiz o **ditado de corpo** dos movimentos de *inspiração e expiração*, na dupla Exu-AP. Também comentei sobre a posição preferencial que o osso sacro tem nas duas cadeias (PA e AP), buscando a vertical. Para continuarmos a refletir sobre o corpo na dupla Xangô-PA, imagine-se um pêndulo invertido com ponto fixo no chão, ou seja, seus pés juntos serão o ponto fixo e você, como um boneco *João Bobo* (para os novos, vale a pena dar uma olhadinha no Google e conhecer esse brinquedo do século passado) oscile para frente e para trás, mas só pelo tornozelo. Nesse **ditado de corpo** é preciso muita atenção para não tirar os dedos e os calcanhares do chão e, também, não fazer os ajustes com joelhos, bacia, lombar e cervical – isso é muito comum na expressão Exu-AP. Mais adiante a figura 36 mostra as três posições do boneco *João Bobo*: para frente, para atrás e no centro.

Leitor, este momento é o pulo do gato de todo o livro, aqui farei uma análise mais elaborada do Método GDS, mas vou dar um espaço entre algumas inspirações e expiração para começar a explicar a lindeza que Godelieve inventou, quando juntou aos estudos sobre posturas, os aspectos da biomecânica, ao corpo expressivo. Mas hoje é domingo de carnaval, e agora o Cacique de Ramos está desfilando, além disso, tem um amigo fazendo uma gravação direto da avenida. Leitor, por mais que eu tenha decidido trabalhar nessa época e esteja equilibradíssima na proposta traçada, não adianta, carnaval é fogo! Hoje, saio da retidão e vou dançar um pouco. Essa escapulida é a justa complementaridade entre Xangô-PA e Exu-AP.

Laroiê, é a festa da rua!

Massa corporal e força da gravidade x Músculos antigravitacionais

No processo evolutivo da espécie, após alcançar a marcha sobre os dois pés sem o apoio das mãos, houve um endireitamento da coluna vertebral, facilitando o nosso equilíbrio no eixo vertical, a conhecida bipedia. Nem preciso dizer que para andarmos lindamente, com a postura ereta, olhando para o horizonte, muito tempo e diversas mudanças complicadas tiveram que ocorrer. Mas longe de apresentar a complexidade do processo evolutivo do corpo humano, quando relacionei a família de músculos posteroanteriores, limitei-me a enumerar os músculos mais importantes da dessa cadeia, principalmente quando relacionados aos aspectos essenciais da nossa *autoverticalização*.

O que é *autoverticalização*? Por exemplo, lá na Penha, eu *autoverticalizava* sempre que minha mãe falava – *"Estica essas costas, menina!"*. Muito mais que esticar as costas, eu também precisava subir a cabeça e crescer alguns centímetros. Quem nunca levou uns tapinhas nas costas para *autoverticalizar*?

Principais músculos PA e suas funções na busca do eixo vertical[85]:

- **Quadríceps** – É o conjunto de músculos que dá a partida para a *autoverticalização*, Godelieve concorda com Françoise Mézières, quando esta afirma que para haver uma boa posição da cabeça é necessário de um quadríceps. Isso é porque uma das funções do quadríceps é realizar a extensão dos joelhos, ação fundamental para que o pé possa empurrar o chão, deflagrando a ação reflexa de *autoverticalização*. O **ditado de corpo** da inspiração é a ação desses músculos na elevação do corpo, no eixo axial.

- **Transverso do abdome** e **diafragma** – além de atuarem na respiração e circulação, os dois músculos agem na diminuição das

---

[85] Denys-Struyf (1995).

curvas da coluna, diminuindo a resistência à ação dos músculos antigravitacionais. Ou seja, quando o transverso do abdome e o diafragma se contraem, eles permitem que os pequenos músculos e profundo, tenham força para agir contra a gravidade.

- **Interespinhais, multífidos** – são os pequenos músculos antigravitacionais que se localizam na coluna e ao se contraírem puxam para cima as vértebras inferiores.

- **Longo do pescoço** – diminuição da curvatura da cervical.

No início do meu trabalho com GDS, eu aprendi com uma aluna, a Dona Circe, que é a função que faz o órgão; então coordene seus gestos e use o maior número de músculos pela vida, se possível, e, se possível, de maneira estruturada. Pois, quando somente umas famílias de músculos dominam a situação global do corpo, tudo indica que o equilíbrio está sendo ameaçado e um terreno se abre para a ocorrência de problemas. É parecido com os filmes sobre a máfia, quando uma família deseja dominar todos os territórios, isso acaba criando prejuízo para a sociedade. No nosso corpo, é fatal, quando uma ou duas cadeias musculares invadem territórios de outras, há previsão de dores e/ou desconforto, pois é deflagrado um desequilíbrio no trânsito da circulação de tensão. Por exemplo, quando a cadeia AM começa a entrar com excesso de tensão sobre o terreno da musculatura posteromediana (PM), esta não consegue esticar as costas ou verticalizar a tíbia (duas funções da Cadeia PM).

Nas nossas ações, como profissionais cadeístas GDS, trabalhamos para equilibrar a relação entre todas as cadeias, pois a visão global do método é contrária à noção tradicional de *fortalecimento muscular*, que ainda é empregada amplamente na área saúde (movimento humano). Músculo fortalecido é aquele realiza movimentos estruturados, preservando a coordenação motora do gesto justo. Essa qualidade de movimento não pode ser alcançada a partir de músculos hipertrofiados.

Pulsão GDS, um traço a ser lido a cada momento

O Método de Cadeias Musculares e Articulares GDS tem muitos conceitos complicados que não podem ser tratados neste livro, mas tem um ponto que considero interessante e vale maior aprofundamento, independente da área de atuação profissional. Estou me referindo ao impulso que o corpo da pessoa tem ao se projetar para determinada ação, graças a um estímulo (de fora ou de dentro), a pulsão.

Sabe o pêndulo que você idealizou e realizou? Pois então, se você associar essa experiência, às três cadeias do Método GDS já apresentadas, mais a cadeia PA, você vai observar, no mínimo, quatro possibilidades de manter o equilíbrio na posição de pé.

Na figura 13, no início do livro, observe a estrutura que Godelieve desenvolveu associando uma tendência comportamental a cada uma das cadeias musculares (duas do eixo relacional e quatro cadeias no eixo da personalidade). Quando juntei num mesmo trabalho a Dança Afro-brasileira com o Método GDS, de certa forma, apenas comecei a ler os traços corporais das danças dos seis orixás (movimento humano), associado à mitologia (psicomotricidade) correspondente do orixá.

Complicando um pouco mais...

Sabe aquelas fases em que a vida está tranquila e a rotina impera de segunda a segunda? Mas, eis que do nada, surge uma paixão! Pronto, desequilibra tudo, a cabeça entra num roda moinho desesperador, dá um medo, e para se organizar de novo? Assim também é o corpo. Por motivos que você nem imagina, do nada, o corpo muda a maneira de se organizar, e quando você para e observa, a posição da cabeça mudou, ela está lá na frente e os ombros subiram na direção das orelhas, viraram brincos! Os pés giraram para dentro, como os dos periquitos, e mais, essa novidade toda veio acompanhada de uma dor na cervical.

A novidade postural tem...

- O lado ruim – normalmente é preciso uma dorzinha para sinalizar que algo mudou e vai mal.

- O lado bom – tudo muda nessa vida e independe da idade, é grande a capacidade do nosso corpo de se transformar, principalmente ao que se refere aos nossos músculos.

Dependendo dos vícios adquiridos, algumas sessões de fisioterapia ou aulas de educação postural já seriam o bastante para que o corpo voltasse a organizar-se e continuar livre para se expressar. Dessa maneira, sugiro que as alterações posturais sejam vistas como as paixões, ou vira amor e a vida se reequilibra de maneira mais feliz, ou não! No caso da infelicidade, a gente sofre e se reequilibra de alguma forma: rasga retratos, chora com a Nana Caymmi, liga e desliga o telefone... eu já quase morri numa dessas! O importante é saber que as nossas emoções e o nosso corpo não são estáticos, rígidos e (quase) tudo passa, pelo menos na intensidade.

Falando especificamente de postura, a capacidade de se reequilibrar sobre os dois pés tem a ver e, muito, com as nossas emoções: o cansaço, a idade, a alegria, tudo afeta o equilíbrio. A cada alteração o corpo encontra uma maneira de se reorganizar, isso, quantas vezes forem necessárias. Tente levar alguém para uma aula de meditação, na mesma semana em que ela precisa tomar decisões rápidas sobre a mudança de residência, por exemplo! Nesse caso, é esperado que o corpo acompanhe o ritmo do momento e esteja alerta para atender solicitações repentinas relacionadas à mudança de residência, e não para agir na sutileza, percepção e sensibilidade. Quando isso não acontece, cria-se uma cena desafinada, como a de um homem vestido de terno, echarpe de lã, gravata, pasta, sapato, no *Cordão da Bola Preta* (bloco carnavalesco carioca, que desfila com mais de um milhão de foliões).

Atenção! O que torna o Método GDS ímpar, dentre as propostas de reabilitação motora, foi Godelieve ter percebido que, durante as alterações posturais, o corpo tende a realizar ajustes a partir de **uma parte do corpo** (o pivô primário). E isso, após a pessoa ter sido afetada por determinada pulsão/motivação. Ou seja, nos ajustes para uma nova postura, de um modo geral, é uma família de músculos que age com maior intensidade para recuperar o equilíbrio perdido por causa do afeto despertado pela tal pulsão. E não esqueçamos, que tudo isso se desenrola na condição de bípede. Observe as figuras 36: são as quatro pulsões básicas no eixo vertical, ou da personalidade. Na figura 36 A, podemos observar as setas indicando o ponto fixo das cadeias, ou seja, o sentido da mecânica dos músculos (para cima ou para baixo). PM e AM têm ponto fixo para baixo, PA e AP tem ponto fixo para cima. O equilíbrio entre elas permite o constante reequilíbrio do corpo em busca de verticalização da coluna. Na figura 36 B, observamos as pulsões de cada uma das famílias, PM para frente, AM para trás, PA e AP no centro (para cima e para baixo, ambas na vertical).

Se Exu-AP, no momento em que sustenta a descida do corpo, perder a ritmicidade, as massas corporais vão se compactar, uma desabando sobre a outra, acachapando o corpo. Para a realização dos ajustes necessários à alteração posturais é fundamental o ritmo. Caso Exu-AP não esteja alternando com a Xangô-PA (constante sobe e desce), o ritmo do corpo é sufocado e desequilíbrios psicomotores passam a ameaçar a pessoa.

Figura 36 – As quatro pulsões GDS do eixo da personalidade[86]

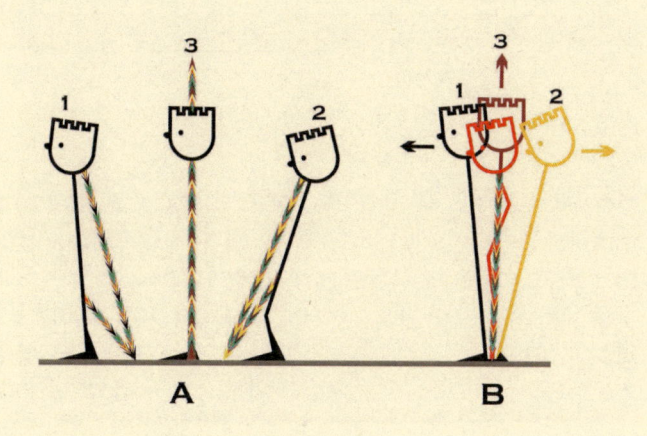

---

[86] Desenho de Guran, a partir de Denys-Struyf (1995).

Entendendo a imagem 36 A

Pulsão (1)

A atitude projetada para frente passa a impressão de uma pessoa intrépida que se lança no mundo ou, de estar com pressa, ansiosa, quase correndo, como Ogum em várias lendas de sua mitologia. Nesse caso, o corpo que avança precisa ser freado para não cair de frente, ou seja, é fundamental que a família de músculos de Ogum-PM entre em ação. No momento em que uma nova motivação estimula uma pessoa a se projetar para frente uma parte do corpo é acionada, como por exemplo, a corrida que o tranquilo rapaz teve que fazer, ao sair do metrô, pois se deparara com o início de uma tempestade e precisava chegar ao trabalho antes da tormenta. Leitora, preste atenção mais ainda! A parte do corpo do rapaz que primeiro foi alterada para que ele pudesse se lançar na rua e chegar ao trabalho antes da tempestade, foi o tornozelo (pivô primário de Ogum-PM). Pois, no exato instante que ele se deparou com o cenário ameaçador a alteração aconteceu, no aspecto psíquico, proteção, e na altura do tornozelo.

Eu me aprofundei muito, mas concluo a explicação com a seguinte frase: "Quando Ogum chega, ele vem pelo **tornozelo"**. Em linguagem GDS, o pivô primário da Cadeia PM é o tornozelo.

Pulsão (2)

Como não somos palitinhos, preciso explicar que a postura para trás precisa passar uma ideia de que a pessoa vai enrolando e caindo, chegando mesmo, em alguns casos, dar a impressão de que vai se sentar. Nessa situação, ao ser afetado por algum estímulo, o desequilíbrio joga o corpo para trás, como ao receber carinho de alguém, ou uma notícia triste, é Obaluaê-AM que recupera o equilíbrio, não deixando o corpo cair para trás. Em outras palavras, a parte do corpo por onde Obaluaê chega é o **joelho**, por isso, o joelho é o pivô primário da Cadeia Anteromediana.

Pulsão (3)

É uma dupla pulsão, pois apesar de terem funções diferentes, a harmonia entre todas as cadeias só existe quando elas agem em complementaridade. As duas motivações atuam nos mesmos músculos, gerando movimentos, ora para cima, ora para baixo, de maneira alternada entre elas. Como na respiração, que os músculos de Xangô-PA entram em ação na inspiração e Exu-AP é ativada na expiração. As duas cadeias ocupam o mesmo lugar na brincadeira do pêndulo, ou seja, quando o corpo se encontra no centro, no eixo vertical, entre os músculos posteriores de Ogum--PM e os anteriores de Obaluaê-AM. É necessário que Xangô-PA pulse para cima e Exu-AP tenha condições de descer, realizando os ajustes necessários para um novo ciclo recomeçar. No entanto, Ogum- PM e Obaluaê-AM, compostos por músculos grandes e muito fortes, não podem "roubar" a cena global. Elas (PM e AM) precisam respeitar o terreno de ação de cada uma delas. A postura de Ogum-PM precisa respeitar a de Obaluaê-AM, e vice-versa, para que a mola da vida continue expandindo e contraindo sem cessar. Exu-AP precisa quebrar a rigidez que ameaça a altivez de Xangô-PA, que por seu lado, este precisa dar um limite aos excessivos ajustes/ jogos de cintura, de Exu-AP.

Agora, a imagem 36 B

A pulsão de Xangô-PA leva à retidão, ela vem para recuperar o equilíbrio postural, na verticalização do corpo; são os momentos que exigem sensibilidade e estratégia. Xangô-PA chega pela retificação do pescoço. E Exu-AP já está em todo o corpo fazendo ajustes necessários à realização do infinito conjunto de gestos que caracterizam a nossa expressividade.

Em GDS, portanto, precisamos que todas as cadeias entrem em ação, pois é o resultado dessa passagem de tensão por todas as cadeias, que nos possibilita criar uma linguagem corporal diversificada. Veremos no último capítulo, sobre Oxumarê e o Equilíbrio entre as Cadeias GDS, como Godelieve e os iorubás lidam com o movimento incessante dos seres vivos.

Figura 37 – Dança de Xangô[87]

[87] Foto e ilustração de Vander Borges.

DANÇA

A beleza de ver um bailarino dançando coreografias de Xangô está no vigor e na sua postura altiva, de quem domina tudo e se sabe rei. Em alguns espetáculos, eles dançam com fogo sobre a cabeça, são gamelas ou tachos, com labaredas, equilibrados apesar dos movimentos e giros realizados pelo bailarino. Essa é uma demonstração do domínio que o orixá tem sobre o elemento fogo e altivez de uma cabeça de rei. Tal *performance* torna o momento ainda mais encantado, num misto de tensão devido o jogo de equilíbrio e de magia, isso tudo nos faz acreditar que o fogo e Xangô são um.

Os movimentos de guerreiro que Mercedes Baptista relacionava a Xangô desenvolviam-se a partir de uma postura cheia de sensualidade encantadora, proveniente de um ritmo acelerado, o *alujá* de Xangô. Danças predominantemente na vertical, com retificação das costas e movimentos que representavam ao manusear dois machados duplos, ou seja, os *oxés*, o símbolo do orixá. Observem na figura, dois triângulos formando um machado com corte dos dois lados. Mesmo que durante a dança ocorram movimentos em que as pernas e as costas fiquem flexionadas, rapidamente há um retorno para o eixo vertical e as costas se mantem esticadas.

Os braços na altura do ombro, com as mãos fechadas, simbolizando os machados, é a base para passos com giros rápidos ao redor do próprio eixo, podendo terminar com elevados saltos. Entre outros movimentos, Xangô salta repetidamente esticando os braços para o alto e cruzando os *oxés*. Isso tem o simbolismo da ação guerreira e da justiça, pois o seu machado duplo nunca corta/pende apenas para um lado. Ogum e Iansã são personagens representados em coreografias sempre em duelo com Xangô, no entanto, Iansã pode assumir, em algum momento do espetáculo, o papel de esposa, quando os dois aliados fazem um *pas de deux* lutando contra inimigos em comum. *Kaô Cabecile*, dançar para Xangô e assistir suas danças, é queimar com o orixá.

Separei o seguinte trecho que Verger transcreve uma história de *ifá* sobre a elegância e a sedução de Xangô:

> *Entre os clientes de Ogum, o ferreiro, havia Xangô,*
>
> *que gostava de ser elegante,*
>
> *a ponto de trançar seus cabelos como os de uma mulher.*
>
> *Havia feito furos nos lóbulos de suas orelhas,*
>
> *onde usava sempre argolas.*
>
> *Ele usava colares de contas.*
>
> *Ele usava braceletes.*
>
> *Que elegância!!!*[88]
>
> *Xangô dança forte, seduzindo e fazendo arder uma plateia de súditos.*

Xangozice

O fogo queima para cima. Essa frase cria a imagem de algo que divide o espaço em dois lados, na vertical. Portanto, os músculos da dupla Xangô-PA tendem à aparente retificação se consumindo pela imobilidade da coluna. A sua existência ideal está vinculada ao casamento com a sua dupla complementar, Exu-AP, que volta e meia faz um jogo de cintura e flexibiliza esse pilar de vértebras. A complementaridade do casamento das duas duplas permite que o corpo se mantenha na vertical, mas realizando os ajustes necessários. Se não fosse a parceria de Xangô-PA e Exu-AP, a rigidez se instalaria na coluna, e a pessoa viveria numa postura de quem engoliu uma espada.

No aspecto comportamental de Xangô-PA, a rigidez nas ações em busca da centralidade, destrói qualquer possibilidade de imparcialidade, equilíbrio, ou mesmo da renomada justiça de Xangô. A arrogância do orixá, quando contrariado, corre o risco de gerar situações de muita rigidez e injustiça. Na mitologia, quando

---

[88] Verger, P.F. Orixás (1981, p. 136)

Xangô exagera na altivez e no seu senso de justiça, que por si só já deixa de ser justo, ele torna-se intolerante e passa a gerar situações nada, nada razoáveis. Da mesma maneira que a musculatura precisa respirar e apagar o seu fogo para que outras famílias entrem em ação, o comportamento autocentrado de soberba queima Xangô. A justiça, todos sabemos, só existe na generosidade e no respeito, por outro lado, o incontrolável desejo de controlar e decidir por todos deságua em tirania. Xangô tirano é tempestade violenta.

O destempero do orixá ocorre nos momentos em que Xangô se vê com mais poder que os outros, o que é comum para quem é inteligente, estratégico, sedutor, gosta de dominar (encantadoramente) aqueles que estão ao seu redor. São em tais situações que ele passa a usar a sua generosidade como manipulação perversa, transformando a altivez em desrespeito. Esses são os momentos em que ele ainda não troveja, apenas insinua, de diversas maneiras, que é o "rei" e, por isso, não vai perder a razão! É bom lembrar-se da lenda em que Xangô, por descuido, incendeia a cidade de Oió. Afinal, ele testava uma nova magia para dominar, pelo pavor, os inimigos e os próprios súditos, sem a preocupação dos efeitos que poderiam resultar da desconhecida magia enviada por Exu. Em algumas lendas, ele e suas mulheres somem, vão para o Orum (céu onde os espíritos vivem), porque ele não suportou ter sido o responsável por tal atrocidade – queimar o próprio reino.

IANSÃ E CADEIAS POSTEROLATERAIS (PL)

Figura 38 – Expressão de Iansã[89]

[89] Fotografia de Marcio Miranda e ilustração de Tauan Carmo.

MITO de IANSÃ

Liberdade

vento

onde tudo

cabe [90]

Borboletear, circular, expandir, lançar-se no mundo, lutar, se apaixonar e continuar expandindo, eis as ações de Iansã! Oiá, como também e conhecida, é a orixá que comanda os ventos e as tempestades, encarnando o arquétipo da mulher dinâmica e guerreira, repleta de paixão e sensualidade, porém, ciumenta e impulsiva.

Ela é dotada de um intenso senso de justiça, e isso quer dizer que Iansã é capaz de se aliar e defender, por exemplo, a mulheres e homens desconhecidos com tamanha paixão. Não é raro a sua sinceridade desmedida gerar hostilidade pelos espaços onde circula, isso, tanto em palavras como em atos. No entanto, sua amizade é de uma fidelidade canina, direta e sem rodeios, mas não suporta, ser controlada, nem covardia.

No dia a dia, encontramos com frequência mulheres que trabalham e se realizam na vida profissional, e mesmo assim cuidam dos filhos e da casa, sem a presença de marido, ou qualquer outro apoio financeiro, igual a minha mãe. Apesar da luta diária, dos amores que possa ter durante sua vida, e da pequena habilidade com as denguices, o amor de Iansã pelos seus filhos é incondicional. São mães com autoridade, firmes e os protege com tanta força, que mesmo não vivendo ao lado de sua cria, como em uma de suas lendas, basta bater os chifres de búfalos que Oiá chega para socorrê-los.

Parte do que denomino ***iansanzice*** (assunto que veremos no final do capítulo), abateu-se por essas bandas, como sempre, logo no início deste capítulo. Pensando na psicanálise, uma *carteirinha de histérica*, talvez, já me estaria sendo confeccionada, pois até agora, ao entrar em contato com o mito sobre o qual me

---

[90] Leminski (2013, p. 362).

debruço para desenvolver os capítulos, acabo por experimentar certos *sabores* do arquétipo em questão.

Imagine o meu desespero, dessa vez, ao ver todas as informações que reuni sobre Oiá dançando na minha frente e nada, absolutamente nada parecia fazer sentido, nenhuma frase sequer. Não bastando isso, no meio dessa desconcentração, deu uma ventania na minha cabeça que me deixou dois dias sem escrever, ou realizar uma atividade sequer. Fui acometida por uma tonteira louca, como uma labirintite, nunca tive isso, mas assim como apareceu, sumiu! Nessas horas a família entra com tudo, e tome reza, e tome dengo, e as ideias demoraram a se aclarar para eu retomar ao livro.

Durante um bom tempo eu fiquei desesperada só com o Leminski ocupando o começo desta página, e o que me restava era ficava saboreando a liberdade de um vento descabido que espalhava qualquer coisa pra bem longe, inclusive ideias. Mas os bons ventos trouxeram as palavras de volta. Agora, interpretando do ponto de vista da macumba, qualquer um do babado vai achar que estava em falta com os deuses d'África, vão dizer – *Faltou ofe-renda!* Nada disso, porque nesse assunto eu só meto a minha mão onde eu alcanço. Então, o bom de ler a vida de várias maneiras é entender que este livro foi preenchido com coisas de encantaria.

Iansã, por prezar sua liberdade e ter o desejo do conhecimento, é movida pela curiosidade. Dessa maneira, ela está sempre circulando entre os espaços que seu interesse apontar, e que podem ser as ruas, os mercados, as guerras e os **nove céus** (Nove Orúns). Desde menina, quando foi criada nos rios por Oxum, ela já tinha o dom da magia e do encantamento, portanto, são várias as formas nas quais Iansã se transforma para percorrer os mundos – às vezes ela chega como brisa, como vento, como relâmpago; outras vezes Oiá se encanta como búfalo, como borboleta, como elefante branco, e até como rio de lava. Com seu último marido, Xangô, ela ainda cruza o céu montada nos raios das tempestades.

Oiá também é reconhecida pelas intensas paixões, sensualidade e a inteligência com que se envolve com cada um dos homens e, de cada relação estabelecida por potentes companheiros, ela sempre se fortaleceu agindo com sedução. Ora ela aprende com os maridos, ora é agraciada com certo poder, ou, como na história do poder de lançar fogo pela boca, ela rouba os companheiros. Victor Alvim, meu amigo Lobisomem, escreveu um cordel para Oiá, em forma de pedido de ajuda de um homem apaixonado.

"Eu pedi à Oyá que me ajudasse

Com a força da sua ventania

Com seus raios e toda a energia

Que do meu coração ela tirasse

Com seu vento pra bem longe levasse

Sua filha a quem tanto eu amei

Meu amor por inteiro eu lhe entreguei

Mas tudo se acabou, chegou ao fim

A tristeza tomou conta de mim

E durante um bom tempo eu só chorei

Yansã escutou minha oração

Pelo jeito me achou merecedor

No seu vento levou toda essa dor

Que habitava o meu velho coração

Pra Oyá vou cantar com gratidão

Vou bater cabeça no seu gongá

Te agradeço ó linda orixá

Hoje posso encontrar um novo amor

Minhas mãos vão rufar no meu tambor

Vou bradar: Eparrey ó bela Oyá!"[91]

---

[91] Cordel gentilmente cedido pelo autor, Lobisomem Victor Lobisomem. Disponível em: https://m. facebook.com/story.php?story_fbid=1042436752482636&id=1000014896637660&_rdr. Acesso em: 9 jul. 2019.

Eparrei é a saudação a Oiá, que significa a admiração à *mãe dos nove céus*!

Paixão pelo conhecimento

Em um dos seus casamentos, que pode ter sido com Ogum, Xangô, ou Oxossi (depende da lenda), Oiá teve nove filhos. O nome Iansã vem de uma expressão em iorubá que quer dizer *Mãe de Nove*, assim como, a palavra Oiá vem de outra lenda sobre um reinado ameaçado que para proteger seu povo Ifá recomenda que uma virgem, filha de um rei, oferecesse um pano preto em um ritual. Assim:

> *A jovem rasgou o pano, cantando "Oiá, ela cortou".*
>
> *Diante de todos, a filha do rei*
>
> *Atirou ao solo os pedaços rasgados do pano preto.*
>
> *Os trapos logo transformaram-se em águas negras,*
>
> *que correm formando o poderoso*
>
> *e protetor, rio de águas negras, Odô Oiá.*
>
> *O rio-orixá garantiu o isolamento da terra e protegeu o reino*[92]

Por essa façanha, Oiá passa a ser considerada a deusa do Rio Niger.

Com o seu vento e ao lado de Ogum, Iansã ajudou a aquecer a forja no trabalho do marido e dessa maneira, contribuiu para aumentar a produção do Deus do Ferro. Foi dessa união que ela aprendeu a usar a espada. Mais tarde, ainda casada com Ogum, fugiu com o guerreiro Oxaguiã (Oxalá Novo) para o reino do *Orixá-Comedor-de-Inhame-Pilado*, e com ele aprendeu a usar e se defender com o escudo. Pelas estradas com Exu, Oiá passou a usar o fogo e aprendeu mais algumas magias. Com o seu último amante, Xangô, com quem viveu uma violenta paixão, além da história do fogo, ela obteve o posto da justiça, o poder sobre os raios e os

---

92 Prandi (2016, p. 301).

encantamentos. Outros tantos orixás com os quais se envolveu, foram tantos quantos atributos que ela adquiriu.

Junto a Obaluaê ela ganhou o direito de acompanhar o retorno dos espíritos dos mortos, ao Orum. Como vimos, esse foi um presente do Senhor da Terra, por ter recebido de Iansã uma atitude generosa em meio ao desprezo dos outros orixás. Mas Obaluaê e Oiá nunca foram amantes.

Com os breves exemplos mencionados anteriormente, dá para perceber que a necessidade de Iansã de ampliar os seus conhecimentos forma o elo com os homens. O seu grande amor e companheiro foi Xangô. Uns dizem que Oiá é Xangô de saia e Xangô é Iansã de calça. Por um lado, isso se deve à excessiva vaidade de Xangô, e por outro, à liberdade característica de Oiá, que sempre acompanhava seu marido nas batalhas, agindo com comportamentos dominadores e característicos de uma tipologia masculina.

Oiá é búfalo, Oiá é borboleta

Como uma *mulher búfalo* cabe numa *mulher borboleta*? Pois é, precisei deixar os bichos para lá, para poder entender as metamorfoses de Oiá. Eu vou contar apenas duas lendas sobre as transformações dela e você vai entender logo essa história de inconstância que oscila entre extremos. Iansã se transforma em: ar, água, fogo e terra. Pois bem, Iansã tem certo domínio sobre os quatro elementos, então a única constância que identifico na vida de Oiá é a impermanência, as mudanças. Para a religião de origem iorubá, os filhos de Iansã precisam saber lidar com o que passa, com o que é novo, com o que há no presente e o que ainda está por vir. Respeitar o passado faz parte da essência de Oiá, pois ela tem vínculos fortes com os mortos, mas Oiá vive na transgressão, desafiando aspectos tradicionais, que emperram a mudanças necessárias. Seus filhos facilmente tendem a subverter a ordem e, Iansã faz o mesmo com os elementos da matéria, podendo em alguns momentos encarná-los. Por exemplo, Godelieve associou a cadeia PL à expressão do masculino, mas neste livro a cadeia Posterolateral é o feminino, o feminino de Oiá.

Uma pergunta, você não está achando que já viu isso em algum lugar? Não parece que eu estou me repetindo? Não só parece, como já viu! Agora, estou mostrando essas transformações por uma outra esfera.

No tempo em que Iansã vivia com Odé (Oxossi), ela seduziu o *Caçador de uma flecha só* para que ele a iniciasse nas práticas da caça. Foi dessa união que a Oiá aprendeu a caçar para alimentar seus filhos e também, dominou a técnica de tirar a pele dos animais abatidos. Então, associando a sua habilidade recém-adquirida, com as magias ensinadas por Exu, Oiá fez encantamentos na pele de búfalo e passou a se transformar neste animal para poder sair livre pelas matas. Ogum foi quem descobriu o segredo de Oiá, pois o Senhor do Ferro ao mirar um búfalo com sua lança, é surpreendido por uma linda mulher que tira a pele do poderoso animal e a esconde perto de um formigueiro. Ogum ficou apaixonado pela *Mulher-Búfalo* e o casamento dos dois se deu a partir da chantagem que ele fez a Oiá. Ogum ainda manteve escondida a pele de búfalo de sua mulher durante muito tempo. Eu não vou continuar, mas vale conferir toda a estória até Iansã recuperar a sua pele. É uma lenda sangrenta, que mostra muito bem o que pode essa orixá em cólera.

O casal Xangô e Iansã vivia entre amor e ódio, eram cúmplices em guerras, quando os dois saíam para lutar pelo reino de Oió, pois ela era, dentre as mulheres de Xangô, aquela que o acompanhava nas batalhas. Se por um lado eles tinham uma afinidade nesse campo (de batalha), como amantes viviam entre tempos de tempestades e paixões arrebatadoras. Numa época em que Oxum e Obá não moravam mais no palácio de Xangô, o rei continuava sedutor e conquistador, mas em terras distantes. Iansã, ciumenta e possessiva, não suportava as escapulidas do marido, então, de vez em quando sumia dos olhos do Rei de Oió. Quando ela escapulia e sumia do palácio, Xangô saia enfurecido atrás da esposa, a lançar *pedras de raio* e labaredas. Cá entre nós, para segurança de Oiá, o ideal era que ela nunca fosse descoberta durante essas tempestades.

Certa vez, numa dessas brigas, Oiá fugiu e o marido, ao chegar ao palácio, percebe sua ausência. Transtornado, Xangô parte em sua caça. Antes de ser encontrada, no entanto, Oiá pede ajuda a Exu, que de imediato se prontifica em ajudá-la. E ela foi rápida em atender as exigências feitas pelo dono das encruzilhadas, então Oiá é imediatamente transformada em uma borboleta colorida. Logo em seguida, chega Xangô e pergunta a Exu se ele tinha visto a esposa, que sob o encantamento assistia toda a cena como um leve e multicolorido animalzinho. Como o seu camaradinha negou saber do seu paradeiro, Xangô sai esbravejando na intenção de encontrá-la.

Iansã, de novo na forma de mulher, queria saber o motivo de ter sido transformada em um ser tão frágil. *Por que uma borboleta, Exu?*

Foi então que o orixá-esfera explicou:

Como vento e nervosa, você arrasaria o mundo em vendaval.

Como raio, você acabaria com as aldeias.

Como fogo, você destruiria o mundo.

Com seus filhos Égùn-gùn, você apavoraria a humanidade.

Como borboleta, além de manter suas cores e perfumes que simbolizam a sorte, Você também será capaz de voar com suas asas ao sabor do vento.

Afinal de contas quem em seu juízo perfeito mataria uma bela borboleta?[93]

---

[93] De autoria desconhecida, disponível em Awuré: Portal da Mídia Afro. http://awure.jor.br/home/por-que-oya-se-transforma-em-borboleta-e-esta-associada-a-esta/. Acesso em: 6 jul. 2019.

Iansã, que se transforma em vários elementos e estados da matéria, graças a Exu, conseguiu o poder da magia. O orixá da transformação é o responsável pela capacidade que Oiá tem de desfrutar de todos os encantamentos aprendidos com seus homens. Iansã e Exu são deuses da transformação, ambos têm o domínio sobre a mutação.

Três lendas de Iansã, a encantadora de espíritos dos mortos (eguns)

1- Na lenda em que Iansã tem filhos com Xangô, oito das nove crianças eram mudas. Com as oferendas recomendadas por um adivinho, o nono filho de Oiá com o *Atirador de Pedras de Fogo* nasceu rouco. *Egungum*, com uma voz muito estranha, é o espírito dos antepassados. Esse ancestral que fundou as cidades, de vez em quando retorna para dançar entre os seus familiares. Quando *Egungum* chega, encarnando um antepassado masculino, ele usa lindas roupas com guizos, máscara colorida e espelhos. Uma curiosidade, nos terreiros em que se realizam os cultos a *Egungum*, somente os homens participam do ritual e Oiá, a *Encantadora de Espíritos*, é a única mulher para quem os *Egunguns* se inclinam.

2 - Nos tempos em que ela era casada com Ogum e ajudava o marido a manter o fogo da forja aceso, ao manusear um grande fole, Iansã tirava som ritmado do instrumento de fazer vento. Um dia em que os *Egunguns* passeavam pelas ruas, seguidos pelos descendentes felizes por ter reencontrado seus parentes desencarnados, ao passarem diante da casa do ferreiro, o som do fole fez com que os espíritos começassem a dançar. E a alegria de Iansã, vendo os *Egunguns* dançando, imprimia um ritmo mais acelerado, o que gerou um círculo onde as famílias louvavam seus ancestrais. A cena foi tão linda que Ogum, orgulhoso de sua mulher, tirou sua coroa e, passando-a para Oiá, nomeou-a *"Mulher que domina o Egungum com o som de fole"*. Nesse momento, Iansã foi para a rua, com a coroa de Ogum, dançar com os espíritos ancestrais e com todos que ali estavam.

3 - Um grande caçador pega para criar uma menina esperta e muito ligeira, Oiá, que rapidamente torna-se a sua filha predileta. Quando a morte chegou ao caçador, a jovem foi tomada de profunda tristeza, e a forma que Oiá encontrou para lidar com a morte de seu pai adotivo, foi enrolar num pano todos os objetos de caça dele. Além disso, ela fez aquelas comidas que mais agradavam ao pai, então, começou a cantar e dançar, isso, durante sete dias. Eram gestos e sons tão forte que o vento levou a música até muito longe. Por isso, os outros caçadores de todas as regiões foram alcançados pelo canto de morte realizado pela filha sofrida. Foi por isso que todos eles puderam participar da celebração da nova vida do caçador, agora no *Orum*.

No sétimo dia, Oiá e todos os caçadores entraram na mata e ela deixou os pertences de seu pai ao pé de uma árvore sagrada. O *Deus Supremo*, que tudo vê, ficou tão emocionado com o ritual da filha e sua espontaneidade ao lidar com a morte do pai, que transformou o grande caçador em orixá, Odulecê, e também, deu a ela o poder guiar os mortos ao *Orum*. Essa é a origem do **axexê**, o rito funerário dos iniciados na religião de origem iorubá. Nesse rito celebra-se a entrada do espírito desencarnado, no Orum, e todos os participantes vestem branco, celebrando a passagem.

Figura 39 – Cadeia Posteromediana[94]

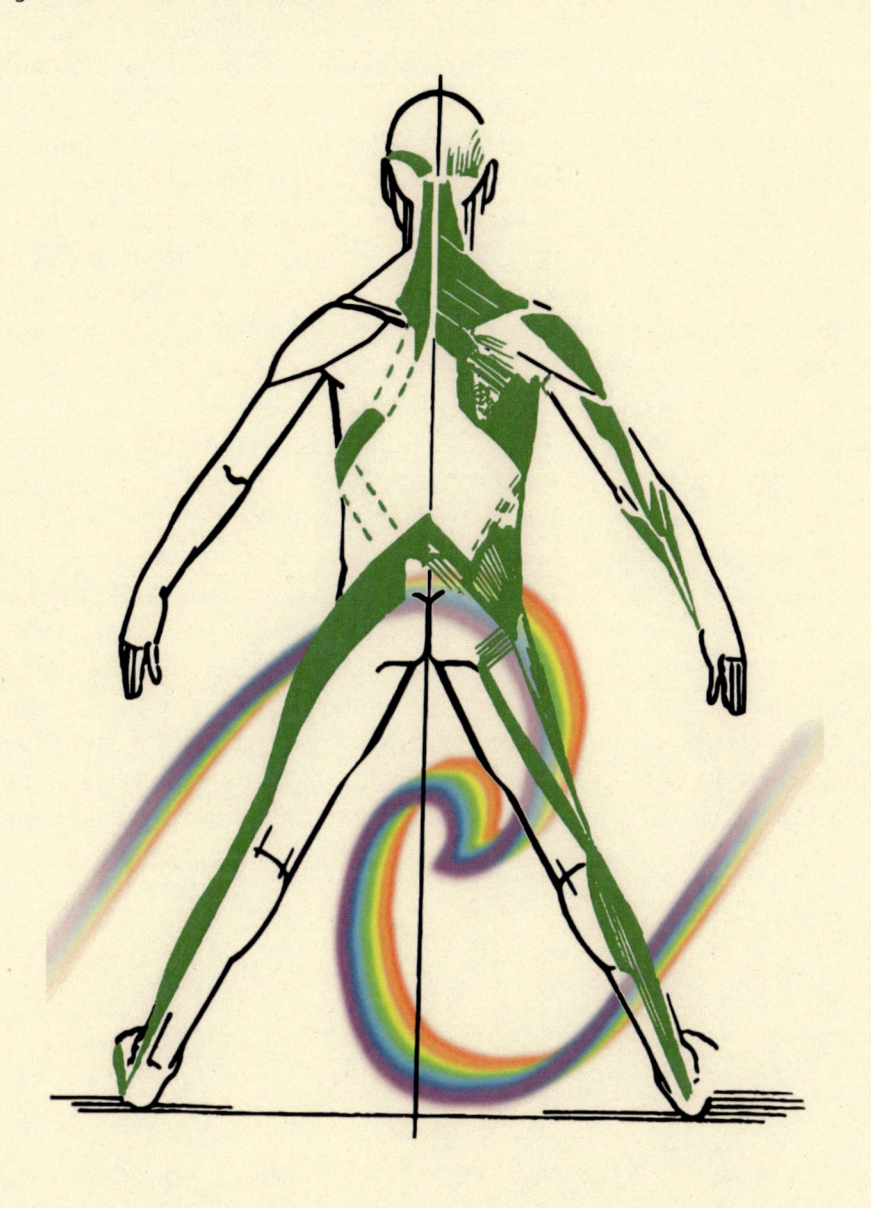

<hr />

[94] Desenho criado por Guran, a partir da imagem de Denys-Struyf (1995, p. 117).

MÚSCULO

Iansã-PL representa os movimentos de expansão, aqueles que desejam a comunicação e vão em direção ao mundo de fora, ao mundo do outro. Às vezes, por isso, tornam-se meio estabanados, exagerados, com pouca atenção em detalhes e se prendendo aos aspectos globais da situação. No corpo, isso fala das rotações externas dos membros inferiores e superiores, além de todas as ações biomecânicas que levam à dispersão – do centro para as laterais – como um pé largo, ou aquelas pernas que lembram *cowboy*. Outra informação importante, é que a tipologia Iansã-PL se localiza no eixo relacional (ver figura 13). E o que isso quer dizer para o Método GDS? Quer dizer que a cadeia PL não age sobre o eixo vertical, ou seja, não atua diretamente sobre a coluna. Ao observar esta cadeia, então, é possível interpretar a maneira com as pessoas se relacionam com o social. Mas interpretar não significa determinar, por tanto, no Método GDS não há afirmativas absolutas, há uma coleção de indícios para o profissional trabalhar e interpretar as expressividades do aluno ou paciente. Por vezes, uma pessoa carrega o sofrimento de tantos vícios posturais, que corpo perde a liberdade expressiva. Dessa maneira os cadeístas do Método GDS, graças à leitura corporal, conseguem flexibilizar a rigidez de estruturas psicomotoras desorganizadas, ou ainda, sugere a ação de outros terapeutas.

Ditado de corpo Iansã-PL

Na posição de pé, afaste as pernas e vire os joelhos e os pés para fora. Empurre a bacia para frente, como se você tivesse uma lanterna na altura do púbis (genitália) e fosse iluminar tudo a frente. Use as pontas dos dedos nessa região e faça uma compressão até tocar no osso. Esse é o púbis. Uma vez, uma aluna perguntou se ela podia chamar o púbis de pentinho. Ok, é isso! Agora, deixe os braços para baixo, levemente afastados do corpo.

Caminhe um pouco nessa posição e perceba o que você sente. Qual a imagem que chega a sua cabeça? Homem, mulher, recatada, comunicativo, controlado ou descontrolado? É confortável? Não tem resposta certa!

É comum que os músculos que dominam essa família pertençam a duas ou mais cadeias, afinal, unir os membros superiores e inferiores ao tronco requer suportes fortes (músculos, tendões, ligamentos) que estabilizem e coordenem as cinturas pélvica (altura da bacia) e escapular (altura dos ombros). Mas não se preocupe com isso, estou mantendo na dupla Iansã- PL o que venho fazendo desde o início, informo o nome dos músculos, mas apresentando apenas a essência dos movimentos das cadeias.

Eis os músculos Iansã-PL:

- **Membros inferiores**: gastrocnêmio e fibulares, bíceps femoral, porção posterior do trato iliotibial, vasto lateral do quadríceps.

- **Bacia**: glúteo médio, fibras superiores do glúteo máximo, ligamento iliolombar, piriforme esquerdo, pelvitrocanterianos.

- **Tronco**: oblíquo externo do abdome, serrátil anterior, trapézio médio e superior, supra espinhoso.

- **Membros superiores**: deltoide medial, tríceps, ancôneo e flexor e extensor ulnar do carpo.

O **ditado de corpo** exemplifica bem a expressão da dupla Iansã-PL, são músculos que agem na rotação externa dos braços (membros superiores) e pernas (membros inferiores). Imagine a sombra de uma pessoa vista de frente através de um lençol, esse é o plano frontal. Aí, podemos observar os braços e pernas afastados do tronco. Quando observamos a mesma pessoa, mas de cima (sem o lençol), no plano horizontal, podemos perceber o grau (qual o ângulo) que os membros realizaram nas rotações externas. É a família Iansã-PL a responsável por essas expressões no nosso corpo. As duplas anteriores são observadas de perfil, Iansã-PL e Oxum-AL são observadas nos planos frontal e horizontal.

Os músculos Iansã-PL na altura da bacia têm um papel importante no equilíbrio da distância entre as pernas. Caso a cadeia Obaluaê-AM seja muito retesada, isto é, um períneo muito contraído, os ísquios se aproximariam e dificultariam a nossa marcha. Imagine uma coxa grudada na outra! Por outro lado, se os músculos da família Iansã-PL agirem de maneira dominante e contínua, sem outras famílias de músculos para freá-los, voltaríamos a andar com as pernas afastadas, como os macacos, balançando de um lado para o outro. É sempre bom lembrar que o nosso corpo precisa de todas as cadeias, mas em equilíbrio.

Mais exemplos do excesso de tensão nos músculos posterolaterais são os pés chatos, os joelhos virados para fora (geno varo) e todo um corpo tenso, pronto para um ataque, com braços afastados e *costelas infladas*, como se quisesse intimidar o adversário. Uma das causas de muitas das dores está no bloqueio da articulação da coxofemoral, nesses casos, as pessoas com excesso de tensão Iansã-PL não conseguem sentar-se de maneira confortável, sobre os ísquios, e acabam comprimindo uma articulação importante da bacia (região sacroilíaca).

Figura 40 – Dança de Iansã[95]

DANÇA

Tác – tarac - tarac – tác– tarac - tarac – tác... é assim que eu canto o *aguerê*, ou o *quebra pratos de Oiá,* ou ainda, *ilu*. O toque que os percussionistas faziam para as danças de Iansã nas nossas aulas.

Um desabafo! Durante as aulas, logo no início desse toque, eu entrava em pânico quando as varetas (aguidavis) começavam a sapecar o couro do atabaque. É um ritmo delicioso, só de lembrar, eu dei umas mexidas com os braços, perdi o foco, fui para a internet cantar música com *ogãs* tocando, é tudo muito dinâmico e dispersivo! Mas tem um "mas"... ficar cinco minutos nesse ritmo, com andamentos às vezes alucinados, jogando os braços para cima e saltando, é levar o coração à frequência máxima e a respiração pros quintos dos infernos! A minha culpa (tenho células cristãs) me castiga quando falo sobre essa minha dificuldade, pois ser protegida pela *Senhora das Nuvens de Chumbo*, como canta Caetano Veloso, e ter preguiça de dançar para ela é um desgosto pra mim.

A figura 40 pode ser a base para esclarecer alguns passos executados na dança de Iansã, segundo os ensinamentos de Mercedes Batista. Os movimentos são basicamente com braços e pernas afastados rodando para fora, com a parte anterior do tronco completamente aberta, em exposição. Iansã chega pela articulação coxofemoral, em rotação externa... aberta ao mundo.

Dentre tantos movimentos, tem um que é comum às coreografias de Iansã: as mãos ficam empurrando algo para fora, com gestos circulares, com o auxílio da flexão e extensão dos cotovelos, e os deslocamentos ocorrem por meio de passos largos, rápidos, com ou sem giro. Ou ainda, com corridinhas por todo o espaço onde ocorre a coreografia.

Tem outro passo que os movimentos eram realizados com saltos de costas. Primeiro o braço esquerdo agitado em movimentos circulares é jogado para trás, ao mesmo tempo em que o joelho esquerdo dobrava e a coxa se afastava da outra coxa e era lançada para trás, virando todo o corpo para o mesmo lado.

Enquanto isso, o braço direito subia pela frente do corpo e girava para trás, a perna direita impulsionava o corpo para cima e para trás, em alternância sucessiva.

As coreografias para Oiá eram variadas, mas uma das execuções que causava delírio nas aulas era a performance de um giro. A preparação já deixava o corpo em êxtase, pois o bailarino fica de lado para o público, mas olhando para um ponto fixo na plateia. A bacia em flexão, os braços afastados (abdução de ombros) e o percussionista mandando ver no *quebra pratos*. Na contagem, 7, 8, o dançarino se lança em giros nessa posição e dentro do ritmo. Eparrey! Durante o deslocamento os antebraços realizam movimentos circulares para fora.

De um modo geral, os movimentos para fora representavam o uso de uma das suas ferra mentas, o *eruexim* de Oiá, ou seja, um espanador feito com rabo de cavalo, utilizado para espantar os *eguns*. Às vezes, em seus saltos e passos excitados, pode haver uma simulação de duelo, por exemplo, com Xangô, quando a bailarina realiza movimentos amplos com os braços, e uma das mãos fechada, como se tivesse segurando a espada de Oiá.

Nos terreiros de candomblé e umbanda, pude assistir Iansã dançar com leves movimentos das mãos, realizando moderadas flexões e extensões de punho simbolizando a leveza da borboleta.

> *"Oní Labá-Labá*
>
> *Labá Ô...*
>
> *Oní Áfèfè, Áfèfè Ô...*
>
> *Senhora das asas-asas (borboletas)*
>
> *Suas asas...*
>
> *Senhora do vento."*[96]

---

[96] Esta é a tradução de um trecho da música que Oxalufan (orixá) cantou para Oiá Onirá (uma das qualidades de Oiá).

Iansãgices

Tomadas por um sentimento de grande competitividade, a raiva das pessoas com forte expressividade de Iansã-PL estão sempre sujeitas a explosões destrutivas, daquelas que agridem cegamente, de tanta gana. Devido a sua falta de controle, Iansã chega a se tornar reativa a qualquer limite imposto, tanto do seu interior, como pelo mundo dos seus supostos adversários. Correndo o risco de se envolver frequentemente em situações de conflito. Se por um lado, a presença de Iansã pode ser leve como a de uma brisa ou borboleta, por outro, chega a criar cenas violentíssimas e mesmo sangrentas, demonstrando seu descontrole colérico e cruel. É claro que precisamos da agressividade, é ela que nos leva a lutar pelos desejos, mas a violência é o destempero da agressividade. Nessa intensidade, a força empregada na destruição brutal de tudo que se encontra pela frente é aterrorizante, pois Iansã não suporta limites. A **iansãzice** é um estado de descontrole passível de ocorrer em qualquer lugar, pois, como o vento, ela é dada às relações em todos os meios, especialmente fora do lar. É quando perde o controle sobre seus atos, que deixa exposto o seu ciúme doentio sobre tudo e todos. Rigorosa nas decisões, transgressora, subversiva, Oiá tem grandes chances de causar desavenças nos ambientes em que participa, e mesmo quando tem razão, seu destempero acaba por destruir tudo. O momento de **iansãzice** arrasa como um vendaval. E por ter o dom de passar por metamorfoses drásticas, de uma hora para outra abandona a leveza aparente, de alguém *zen*, e se enfurece com o estrondo vulcânico, no momento da erupção, aí Iansã explode!

> *Oiá, mulher corajosa que, ao acordar, empunhou um sabre.*[97]

---

[97] Verger (1981, p. 169). Primeira frase de um oriki (texto em louvação) dirigido a Iansã.

OXUM E CADEIAS ANTEROLATERAIS (AL)

Figura 41 – Expressão de Oxum[98]

98   Fotografia de Marcio Miranda e ilustração de Tauan Carmo.

MITO

Oxum, a divindade dos rios, responsável pela fertilidade de tudo o que há no mundo, é filha Iemanjá com Oxalá, ou com Orunmilá, são histórias antigas e há muito recontadas. Mas o importante é saber que Oxum foi criada no palácio de seu pai e lá cresceu com todos os caprichos atendidos, portanto, ela era uma jovem com quase todas as suas vontades satisfeitas, joias raras, ricas vestimentas, espelhos, mimos e muito ouro e cobre. É sabido que, na maioria das vezes, Oxum gosta muito das riquezas que brilham, como o ouro e o cobre, portanto, estes são os metais preferidos da rainha das cachoeiras. As suas pulseiras (*idés*), braceletes, cordões, tudo mais que encanta Oxum e a enfeita, são forjados nestes metais.

Desde pequena, a beleza e elegância de Oxum se misturavam a grandes doses de sedução, teimosia e a uma inteligência brilhante. Mimada como só, ela detesta ser contrariada, e quando ela mete uma coisa na cabeça, usa de todos os seus trunfos para atingir a sua meta. É impressionante a sua incansável determinação, que ao aliar-se ao poder de fascínio sobre o mundo, acaba por conseguir quase tudo que almeja. Aqueles que se põe entre ela seu alvo, fatalmente provarão o mel de sua sedução. Como Exu, que passou a dividir com ela o domínio dos búzios e adivinhação.

Duas lendas, dentre tantas, contam como Oxum conseguiu o poder dos oráculos, e, também, mostram de maneira clara as duas essências desse mito: sedução e perseverança. Desde muito nova, Oxum se interessou pela magia e pelo oráculo dos búzios, ela queria, porque queria aprender todos os feitiços e a arte da adivinhação. Foi então que seus dias de tranquilidade pareciam ter acabado. Por mais que gostasse de ficar em casa/rios se penteando ou mexendo em suas joias, Oxum decidiu entrar no jogo, pagando qualquer preço, para sair vitoriosa e com esses conhecimentos.

Oxum engana Exu e se deita com ele

1. De maneira bem dengosa, Oxum perguntava ao deus da comunicação se poderia ensinar-lhe os encantamentos que ele dominava. Tantas vezes ela tentava envolver Exu com sua sedução, tantas vezes Exu recusava. Oxum iria precisar de outra estratégia, pois sua sedução não estava sendo eficaz com Exu, até porque o mensageiro dos orixás não é facilmente enganado, ainda mais gratuitamente. Exu cobra e sempre quer comer, seja lá o que for. Foi então que ela decidiu entrar na mata, apesar do pânico que essa decisão lhe causava, afinal, todos tinham medo das reações que as suas habitantes poderiam ter, mesmo assim, Oxum foi procurar as feiticeiras, as *Iá Mi Oxorongá* (as *Grandes Mães*, as velhas mães-feiticeiras, as *mães ancestrais*). Ao retornar da mata, a brilhante jovem, que sensibilizara as feiticeiras com a ideia de usar os poderes aprendidos contra Exu, divertiu as entidades ancestrais da Terra, que a ensinaram tudo o que sabiam, afinal elas seriam agradadas com oferendas feitas por Oxum e finalmente uma mulher pegaria Exu no pulo.

2. Ao entrar no castelo, ela se deparou com o pai preocupado e querendo saber por onde a jovem andara. Oxum o tranquilizou e correu em busca de Exu. Ao encontrá-lo, a doce mocinha simulou as mesmas cenas anteriores – Por favor, poderoso Exu, você poderia me ensinar os segredos do oráculo dos búzios? E ele, mais uma vez, nem se preocupou ou deu atenção a seus apelos, foi logo se negando a atender o doce pedido de Oxum. Eis que de repente, surge uma pergunta da dengosa jovem – *Exu, você que tem o poder do oráculo, não é? Adivinha, então, o que tem aqui na minha mão!*[99] E ela levanta uma das mãos fechada e a mantem muito perto do rosto do orixá "pregador de peças". Ele riu, mangou da jovem e antes que pudesse responder a tola questão, Oxum soprou um pó na **esfera**, e seus os olhos queimaram, fazendo Exu se contorcer de tanta ardência. Essa magia aprendida com as mães ancestrais, no período que passou na mata, foi meticulosamente

---

[99] Lenda contada por Helena Alves, disponível em: https://www.youtube.com/watch?v=RU7-vCATezo&t=748s.

premeditada para enfraquecer as defesas do senhor das encruzas, deixando Oxum confortável na situação para descobrir os segredos dos 16 búzios, e assim, tornar-se a primeira mulher a ter domínio sobre o oráculo. É por isso que Oxum divide esse poder com Exu.

Em outra lenda, para alcançar sua meta, Oxum se deita com Exu visando a conseguir o domínio do jogo do oráculo. É interessante perceber que essa atitude de Oxum, usualmente associada ao recato e à delicadeza, está longe de ser "careta" e tradicional. Não, pelo contrário, seus atos de encantamento exibem a liberdade da mulher para usar suas armas e ainda ampliar sua potência feminina. Ela, ao seduzir Exu, consegue realizar as suas ambições.

Pensando em 2017, ainda vemos homens agredir e matar mulheres por se tornarem vítimas de suas seduções. Justiça neles! É assim que a civilização se educa, com leis, mas não a "lei do mais forte".

Pois bem, valentões! Sedução é um jogo para ser jogado entre iguais, ninguém sabe qual será o resultado, quem cede aos encantos devia ter ouvido Riobaldo – *Viver é um descuido prosseguido*.

Leitora, uma vez, Ogum ficou cansado de ser ferreiro e abandonou a forja. *Chega!*, foi pra mata e voltou aos tempos em que era caçador. Enquanto isso, na aldeia não se produzia mais armas, nem ferramentas e utensílios para a agricultura. E os homens começaram a sofrer com a escassez de alimentos. Oxalá ficou preocupado com a situação de seus filhos, pois até então nenhum orixá tinha conseguido convencer Ogum a voltar. O senhor da forja se irritava com as frequentes tentativas de convencê-lo a abandonar a sua tranquilidade solitária. Tomado de fúria, Ogum expulsou todos que se aproximavam dele.

Em uma das reuniões entre os orixás e o *Rei do Pano Branco*, apareceu uma jovem que se ofereceu para entrar na mata e trazer Ogum de volta para a cidade. Ah, foi um alvoroço danado, eles riam dela e perguntavam àquela jovenzinha como ela traria o temido Ogum de volta. Oxalá, então, convencido pela surpreendente ação voluntária de Oxum, aceitou e permitiu que a linda jovem entrasse na floresta, e tentasse salvar a humanidade do sofrimento.

Oxum se dirigiu ao local próximo onde Ogum ficava apenas com cinco lenços amarrados na cintura e começou a dançar. Ogum, de longe, observava tanta beleza e graciosidade na dança da linda Oxum, que perdeu sua rígida defesa. Oxum, que tudo observava, mas fingia que não, começou a se aproximar dele. O senhor do ferro, enlouquecido, já estava totalmente sob o comando da inocente moça. Ela, entre denguices com o quadril e ondulações de braços que o conduziam para onde quisesse, deslizava doce mel pelos lábios de Ogum. Quando ele se deu conta, os dois já estavam na praça da cidade sob aplausos e agitação de todos. Sim, Oxum ganhou!

Ogum, vaidoso como só, para não dar o braço a torcer e admitir que ele tinha sido dobrado por uma linda jovem, disse que já estava sentindo falta das suas funções de ferreiro, e a tranquilidade voltou para deuses e humanos. É isso, jogo é jogo! Valentões, o papo é reto:

Todo mundo tem direito à vida

Todo mundo tem direito igual.[100]

---

[100] Trecho da música Rua da Passagem, composição de Lenine e Antunes A. Rua da Passagem. Rio de Janeiro: Sony BMG, 1999. Acesso em: 9 jul. 2019.

Mãe amorosa faz a vida florescer

O arquétipo de Oxum representa a feminilidade na sua forma doce, contida, de mãe amorosa, daquela que alimenta as ações fraternas, a comunhão entre as pessoas, Oxum é amor. Sua potência vibra na afetuosidade entre as pessoas, no interior de cada um e em tudo na natureza. Oxum é essencial para que a aridez da vida seja temporária, pois a Deusa do Amor, em rua manifestação absoluta do feminino, fecunda a vida irradiando benevolência para que tudo possa florescer, dia após dia.

Iracema, a Oxum da minha infância, tinha uma amorosidade engraçada; não era de muitos dengos, mas teve o maior colo em que eu já sentei. No entanto, até hoje, a Tia Ig é a presença manifesta desse amor benevolente, Ora iê, iê ô! Essa saudação diz tudo – Salve mãezinha benevolente! Ou, Salve a Senhora da bondade! Oia iê, iê ô, Oxum!

São várias as lendas que contam sobre períodos em que a esterilidade se alastrou sobre a terra, tanto das mulheres, como do solo, e os motivos desses tempos de sofrimento eram decorrentes de longas estiagens no Aiê. Os responsáveis? Às vezes, era Oxum que se rebelava por causa do desrespeito a sua autoridade, ou seja, ao poder feminino que se esconde nas águas doces. Mas na maioria das vezes, a escassez se abatia na Terra como um castigo do Ser Supremo, por causa de atos mesquinhos dos homens ou dos orixás. Mas em muitos dos casos, no entanto, foi Oxum quem agiu para que a fertilidade voltasse aos campos, e a fome fosse aplacada. Foi a benevolência da Senhora das Águas Doces que retomou a abundância das águas dos rios, e restabeleceu a fertilidade às mulheres, permitindo que elas voltassem a gerar novos irmãs e irmãos.

A lenda que escolhi para apresentar esse amor incondicional e fraterno de Oxum se passa bem no início da criação do mundo. Leitora, eu tenho falado sobre os destemperos que os Orixás apresentam, assim como aos humanos têm seus dias de cão. Vai ficar fácil, então, entender a atitude de Olodumare, quando todos os orixás resolveram ignorar a sua autoridade e redistribuíram, entre eles, as forças da natureza, o *axé*[101], a seus bel-prazeres.

Olodumare, então, sem manifestar qualquer indignação, prendeu a chuva no céu!

Fome, sede e morte se espalharam pelo Aiê! Foi a primeira vez que a imensa fragilidade humana ficou exposta a olhos nus. Sem água não há vida, mas o desespero começou mesmo, quando todos os orixás tentavam se desculpar e nenhuma gota d'água caia na terra. Os deuses enviaram todos os pássaros a Olodumare, mas nenhum conseguiu nem avistar a sua distante morada. Foi aí que Oxum decidiu intervir por nós e se transformou em um belíssimo pavão. Em sua bondade e determinação, Oxum foi indiferente ao desdém e deboche dos outros deuses, e assim, Oxum-pavão lançou-se ao Orum.

Ela voou em direção ao sol, pois esse era o caminho do palácio de Olodumare. O lindo pavão ganhava altura, e cada vez mais alto e cansado, ele se mantinha em sua perseverança. O sol maltratava as suas penas, a sua pele e em sua cabeça só restou uma penugem. A ave desfigurada e exaurida finalmente chegou aos portões do palácio. Olodumare, penalizado, o acolheu e deu água e alimento para aquele pavão feio e estropiado. Depois de estar restabelecido, o Ser Supremo o chamou e quis saber por que um lindo pavão realizou tal façanha, ao ponto de se tornar uma ave horrível, que entre os homens seria chamado de abutre. O pavão respondeu que:

---

[101] O último capítulo será dedicado ao *axé*.

Fizera o sacrifício pelas crianças, a humanidade,

ela explicou ao Ser Supremo.

Olodumare, penalizado com a pobre ave, deu-lhe a chuva

para que ela devolvesse à Terra.

E nomeou o abutre o mensageiro seu,

pois só ele vence a inalcançável distância em que está Olodumare.

O abutre então voltou à Terra trazendo chuva.

Oxum-abutre trouxe a chuva de volta

e com ela a fertilidade do solo e os alimentos.

E graças a Oxum a humanidade não pereceu.[102]

Oxum, como vimos, é determinada e prefere a discrição, ela age por meios indiretos, evitando os confrontos, pois é avessa a alvoroços e escândalos. Em seus gestos delicados e contidos, ela preferencialmente faz cochichos e segredos, às vezes, nem isso, só insinua com olhares. Mais uma vez, não confundamos o recato da prudência, com o moralismo repressor. Oxum não representa a conduta repressora ou submissa, mas ações que prevalecem na discrição. Tanto que a sensualidade de Oxum é um aspecto muito forte do arquétipo da orixá. Oxum atrai olhares desejosos e retribui, com muito prazer. Assim como o seu amor próprio, ela gosta de se olhar em espelhos e ser admirada por todos, capturar o olhar do outro e envolve-lo como sua presa é uma expressão da *Senhora do Ouro*. Mas Oxum não é só "águas serenas", por baixo dessa aparência plácida e mansa, há redemoinhos e correntezas violentas. Nos rios, aparentemente serenos, a imprudência pode ser fatal.

---

[102] Prandi (2016, p. 342-343).

Figura 42 – Cadeia Anterolateral[103]

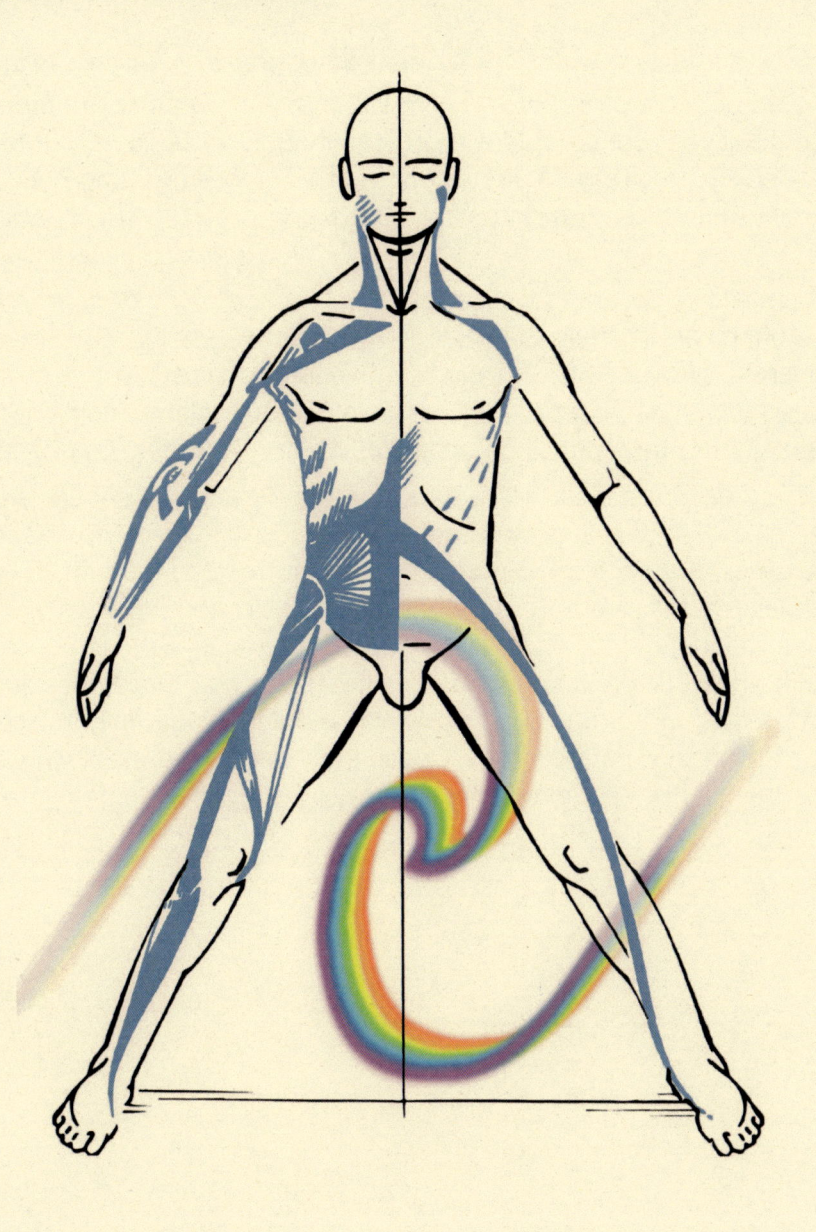

[103]   Desenho criado por Guran, a partir da imagem de Denys-Struyf (1995, p. 134).

205

MÚSCULO

A localização dos músculos da cadeia Anterolateral (AL), como bem diz o nome, está, em sua maioria, na parte anterior e com as ações concentradas na porção lateral. A cadeia AL, como a cadeia PL, tem relação direta com as articulações dos braços e das coxas, quer dizer, nas cinturas escapular (ombros) e pélvica (bacia).

A afinidade do arquétipo de Oxum com a expressão da cadeia AL me deixa encantada, especialmente por continuar identificando na última dupla analisada neste livro, a grande semelhança entre as diferentes linguagens. Sim, uma linguagem dos mitos representados nas danças criadas a partir da cultura africana, e a linguagem criada para leitura terapêutica da gestualidade humana, por uma belga.

Conforme explicada anteriormente, a Oxum-AL encontra-se no eixo relacional e, como vimos, refere-se à maneira como estabelecemos relações com o mundo, com o outro. Os músculos dessa cadeia entram em ação para marcar as ideias de fechamento, de seletividade, objetividade, discrição, concentração, estreitamento e defesa. Observem na rua não só as mulheres, mas as pessoas que, por exemplo, têm as costas estreitas e a cinturinha fina, e/ou os joelhos virados para dentro e, se puderem ainda, leitores, percebam também os pés estreitos com arcos altos (o oposto do pé chato).

Entrando no Ditado de corpo Oxum-AL

Vou começar com os ombros. Dobre os cotovelos e gire-os para fora, aproxime os braços do tronco e mantenha essa rotação interna. Eleve um pouco os ombros e vire as mãos para cima, perto do peito. Os membros superiores (braços) ficam colados no tronco (ao lado e à frente). Agora, vire os pés e os joelhos para dentro. Tente andar nessa postura e perceba quais os pensamentos que aparecem. Depois de experimentar por um tempo essa expressão, inverta as torções, ou seja, rode tudo para fora, como o ditado da Iansã-PL, e compare as sensações vividas nas duas posturas.

Vou fazer uma pergunta que deve ser respondida pelo corpo todo e não apenas pela razão, é isso mesmo, não tem resposta certa. Tente apenas dar respostas sentidas, percebidas. Agora, então... **NÃO** se concentre para responder, sinta!

- Se você fosse interpretar um papel qualquer numa peça teatral, mas com braços e coxas rodados para dentro (experimente intensidades diferentes, ora mais virado para dentro, ora menos), quais seriam as características da pessoa representada?

Tente "viajar" na pergunta e crie um perfil para esse personagem, o que a pessoa gosta de fazer, qual o sexo, profissão... delire, delire! Leitora, quando trabalhamos com o Método GDS, assim como Sherlock Holmes, partimos de hipóteses a serem investigadas, e em muitos casos, é assim que começo um trabalho terapêutico para tentar diminuir os vícios posturais dos alunos.

GDS tem uma visão global do ser humano, e entendemos que muita coisa que acontece no esqueleto da gente é causada por ações musculares. Mas é importante saber que ações psíquicas agem sobre os músculos, que agem sobre os ossos e vísceras e agem sobre as ações psíquicas.

– Uau, a vida não é simples e o Método GDS é um mundo!

A nossa formação vai na contramão do mercado, aprender esse método não pode ser de forma intensiva, não mesmo! Eu fiz esse comentário para contar um causo rápido. No ano 2000 eu caí de moto, caramba, foi um tombo feio, fraturas, operações, corpo ralado no asfalto, ameaça de hemorragia abdominal, quer dizer, sofri um trauma daqueles.

Com o tempo, a Barbara Schindler, uma amiga cadeísta que me tratou por causa de dores na lombar, chamou a atenção para a minha bacia. De repente me deparei com minha bacia em flexão, o que mudou consideravelmente a minha postura, inclusive comecei a perceber essa alteração na dança, principalmente nas fotos. Sim, a nova postura se instalou lentamente, sem que eu pudesse perceber. Precisei do olhar do outro, no meu caso do olhar da Bárbara, para tomar certa consciência da nova postura. E o que isso quer dizer? Que o corpo encontrou uma saída para o excesso de tensão que sofreu no instante do acidente, durante a internação e no período pós-operatório. GDS entende, nesse caso, que a alteração postural se tornou um resíduo daquele momento. É uma forma do corpo dizer, "Agora estou atento, pode contar comigo!". É isso que a cadeia AL faz, por ser uma cadeia muito reativa, como uma criança que prefere não se mover muito por causa do baita tombo que levou brincando de correr. Essa criança entende que se fechar, se resguardar, é uma forma de proteger-se de ações ameaçadoras. E depois, para esse medo passar? É difícil, hein!

Com a dupla Oxum-AL, as ações diretas só devem ser aplicadas em situações limites. Primeiro devemos acalmá-la, dar dengo a esses músculos, mimar mesmo, mas caso não surta efeito, o jeito é acentuar as rotações para cansar os músculos AL e então, partir para uma atitude direta na tentativa de abrir um caminho que volte a liberar a comunicação do corpo. Criança precisa confiar no próprio corpo.

Os músculos mais importantes de AL são:

- **Membros inferiores e bacia –** Glúteo médio e glúteo mínimo, porção anterior do trato iliotibial, tensor da fáscia lata, sartório, tibial posterior.

- **Abdome –** oblíquo interno, fibras verticais do grande dorsal, serrátil posterior inferior.

- **Membro superiores** – porção clavicular do peitoral maior, subescapular, porção longa do bíceps, porção superficial do supinador, braquiorradial, deltoide anterior, redondo maior.

- **Cabeça** – esternocleidomastoideo e masseter.

O exagero de rotações internas dos membros superiores e inferiores, características da dança de Oxum, pode causar sofrimento ao corpo no dia a dia. No excesso, com uma postura de fechamento, de defesa, a pessoa passa a ser vítima da falta de espaço nas articulações dos ombros e da bacia. Quando essas torções estrangulam a cintura escapular (região dos ombros), é comum que elas desorganizem todo o corpo, como pescoço e costelas, bacia e ainda passem a comprometer outras partes do corpo, como a cabeça, na articulação mandibular (boca), e/ou dificultando as funções respiratórias. Na região da bacia, os comprometimentos podem aparecer diretamente na articulação coxofemoral, ou ainda nos joelhos e mesmo na coluna e nos ombros também. O trabalho dos profissionais cadeístas do Método GDS com alunos engessados nessa postura defendida, pode demandar maior tempo de tratamento. Os corpos fixados na cadeia AL indicam um sujeito dado a reatividade, demandando do terapeuta paciência para que o aluno confie no método e possa contribuir com as atividades propostas. É o caso de esperar o casulo se abrir para que o sofrimento se transforme, lenta e progressivamente, em um leve e colorido alívio da tensão muscular.

Figura 43 – Dança de Oxum[104]

DANÇA

O Ijexá é o toque predominante nas coreografias de Oxum, não me lembro de ter dançado para Oxum com outro ritmo. Nos candomblés, apesar da minha ignorância em relação música, pude assistir a uma Oxum dançando com um ritmo diferente e bem mais acelerado do que o ijexá. Isso se deve ao fato de os orixás terem qualidades diferentes. Há Oxuns guerreiras, Oxuns jovens, outra mais velha. Ou seja, na dança sagrada realizada nos espaços religiosos, os códigos são outros. Há qualidades distintas do orixá com as respectivas expressividades daquela entidade. Segundo a lenda, existem 16 qualidades de Oxum que habitam o rio Oxum, na Nigéria. Elas vivem ao longo desse rio e cada uma delas é cultuada em um ponto, uma cidade, onde seus adeptos realizam oferendas, isso ocorre da nascente do rio até a foz, no lago Lekki.

Seguindo os ensinamentos de Dona Mercedes, era assim que chamávamos a nossa mestra, os movimentos realizados para esse orixá eram todos muito sensuais, com pequenas flexões na cintura pélvica e uma denguice nos quadris. Como assim? Você se lembra do ditado de corpo, quando eu pedi uma rotação interna das coxas? Pois bem, ali acontece uma flexão de quadril em associação à rotação; é a clássica "bundinha empinada". A figura 43 exemplifica bem a posição da bacia, que durante os passos coreografados, se movimenta de maneira graciosa e contida, representando uma gestualidade muito sensual. Aproveitando a imagem, observe como os cotovelos se posicionam para fora. Caso você não tenha noção técnica de movimento humano, biomecânica, repita o **ditado de corpo** e vire os cotovelos para fora. Dá para perceber que para realizar esse movimento você teve que rodar o seu braço para dentro? Durante a dança de Oxum, é frequente o bailarino realizar esse movimento, simulando uma infinidade de gestos relacionados à vaidade e ao ritual lânguido de se enfeitar e se admirar no espelho de mão, o *abebé* de Oxum. O espelho de Oxum pode ser utilizado como uma arma, quando Ialodê (outra forma de chamar Oxum) usa os raios de sol para cegar os seus inimigos. Nada benevolente, não é mesmo?

As coreografias de Oxum-AL são compostas de movimentos suaves, em que as bailarinas corporificam a sedução por intermédio dos braços ondulantes. Representado o seu aspecto exigente nas escolhas, os braços vão ao mundo pegar o que pode gerar prazer a Oxum, como suas joias e seus amores. A troca seletiva é o que dá uma expressão contida na dança. De maneira geral, os dançarinos também realizam movimentos sentadas no chão, em referência ao seu habitat natural, os leitos dos rios, onde Oxum reina, encanta e promove a fertilidade às mulheres e ao solo.

É pelos braços/ombros que Oxum chega.

Oxunzices

Oxum e sua determinação envolvida pelo amor e generosidade, na qual a objetividade e a sedução conquistam pelo caminho mais doce, em tempos de desequilíbrio pode se tornar uma entidade nada amável, com as armadilhas encobertas pelas águas calmas de um lindo rio.

Nós existimos em relação, ou seja, realizando trocas com o mundo no eterno ciclo de doar e receber. De preferência, escolher o que nos agrada e ofertar o que também temos de bom, é um jogo social equilibrado, mas à medida que as paredes engrossam, as portas se fecham e nos voltamos apenas para dentro, algo acontece de muito ruim na comunicação.

As **oxunzices** são desagradáveis, pois nesses casos Oxum parte em direção ao controle da situação. São momentos em que a teimosia quebra o respeito pelo outro e ela passa a ter atitudes que tentam minar o desejo de quem se opõe aos caprichos.

É bom lembrar que Oxum no excesso tem a intenção de conseguir realizar tudo a partir dos seus interesses, e a todo custo. Eis, que o amor mingua e o egoísmo se espalha por dentro dela!

Uma pessoa fechada em si, em busca de se proteger, passa a gerar um elevado grau de tensão interna que, em casos extremos, pode gerar comportamentos autodestrutivos, tornando-se reativa a qualquer ideia contrária à sua, piorando ainda mais a situação de isolamento. Tente perceber, mas a pessoa em estado de **oxunzice** não faz trocas, ela tenta reter quase tudo para ela. Respeitar não é um verbo para esses momentos, e nessa condição, a pessoa suporta o outro, tolera, mas sorrateiramente cria suas estratégias até alcançar a meta estabelecida. De maneira geral, sem se importar se a outra pessoa vai, ou não, ter que pagar por isso. Na *oxunzice*, o que vale mesmo é a realização do seu desejo pessoal.

Há casos de **oxunzices** em que a doçura e a delicadeza são jogadas para o lado e surge um confronto direto com seu opositor. Mas esses ataques são decorrentes muito mais de uma implosão, de alguém que não conseguiu se controlar e não pode dominar toda a situação. Aquele que manipula o faz na tentativa de impor, por baixo dos panos, os interesses pessoais sobre os dos outros. A **oxunzice**, no entanto, predomina na ação manipuladora que age no silêncio, nunca de forma clara. O narcisismo e o esnobismo, associados ao consumo para além das posses, cegam as pessoas com o brilho do metal.

Umas das saudações feitas a Oxum expressa sua excessiva vaidade, quando ressalta o seu encantamento pelo metal.

Mulheres elegantes que têm joias de cobre maciço.

É uma cliente dos mercadores de cobre.

Oxum limpa suas joias de cobre antes de limpar seus filhos.[105]

---

[105] Verger, P.F. Orixás Corrupio, Salvador (1981, p. 174).

OXUMARÊ E O EQUILÍBRIO ENTRE AS CADEIAS

Figura 44 – Expressão de Oxumarê[106]

---

[106] Fotografia de Marcio Miranda e ilustração de Tauan Carmo.

MITO

Arroboboi, Oxumarê!

Ora, ora, eis Oxumarê![107]

Salve o Arco-Íris!

Arroboboi! É a saudação a Oxumarê, o senhor dos ciclos contínuos, que sustenta a vida e o movimento, onde tudo pulsa, vibra, expande, encolhe, mas não cessa. É também *o senhor de tudo o que é alongado[108]*, como o cordão umbilical, o arco-íris e a cobra.

O capítulo final deste trabalho não se preocupa com términos, mas com o que não cessa e permanece. Por isso, me veio à lembrança os ensinamentos do *Hexagrama 64*, o último conjunto de mensagens do *I Ching*, um oráculo milenar chinês que, logo no início, traz uma reflexão sobre o término do *Livro das Mutações* que tem a ver com Oxumarê:

> Enquanto o hexagrama anterior assemelha-se ao outono, que realiza a transição do verão para o inverno, este hexagrama é como a primavera, que conduz da estagnação do inverno à fertilidade do verão. O Livro das Mutações termina, então, com essa perspectiva cheia de esperança.[109]

Da mesma maneira que as estações do ano são os ciclos de Oxumarê mencionados pelo *I Ching*, apresento outra semelhança entre o livro chinês e o Orixá do Arco-Íris – ambos estão inseridos no universo da arte da adivinhação. O *I Ching* é um oráculo e Oxumarê é um *Babalaô*, o sacerdote do *Grande Adivinho*, Ifá. Em uma das lendas de Oxumarê, os deuses resolveram afastá-lo do convívio com os homens, pois ele previa tudo, e então, começou a atrapalhar a ordem das coisas na Terra. Oxumarê, por sua capacidade de prever o futuro, foi enviado para o céu e passou a viver entre os astros, com a permissão de vir para o Aiê apenas de tempos em tempos.

---

[107] Verger (1981, p. 206).
[108] *Idem.*
[109] Wilhelm (1984, p. 194).

Uma diferença deste capítulo, em relação aos anteriores, é o fato de não haver uma dupla – *um mito e um músculo*, uma vez que não existe qualquer relação entre Oxumarê e apenas uma cadeia muscular do Método GDS. No entanto, mais do que isso, Oxumarê é a expressão da associação entre todas as cadeias do método, pois a energia que ativa os músculos do corpo não pode ficar parada, ela deve circular por todos músculos, mantendo o movimento em perfeito equilíbrio.

Por que Oxumarê foi incluído no projeto Entre o Mito e o Músculo?

No início, por causa de uma leitura de traços que não tinha a ver com biomecânica e nem mesmo com o arquétipo do orixá, mas com a leitura de um oráculo. Sim, Oxumarê entrou neste projeto porque **o oráculo mandou**.

Oxumarê e GDS se encontram no infinito

Na época da notícia sobre Oxumarê entrar no *Mito e Músculo*, eu aos 53 anos, raramente ouvia grandes histórias, eventos, episódios sobre Oxumarê, quando comparado com Ogum, Oxossi ou Xangô. No entanto, eu já tinha dançado um *solo* para ele num evento de capoeira, há décadas, e também coreografei as crianças de um projeto com passos de Oxumarê, trabalho que foi apresentado no *Festival Folclorando*, promovido pelo *Departamento de Dança da UFRJ*, tendo a coreografia sido o resultado de uma das brincadeiras de aula, ou seja, um trabalho despretensioso, em que os participantes dançavam e no meio da apresentação gritavam – *Arroboboi!*

O convite para o evento surgiu de um encontro inesperado com o Professor Xandy Carvalho (um iniciado em Oxumarê); a mãe de santo responsável pelo projeto com as crianças topou prontamente e levamos a gurizada para a UFRJ. Na hora da apresentação, algo interessante aconteceu: todas as crianças dançaram de costas para o público. Do alto da minha vaidade, eu quase morri de vergonha. O importante, no final das contas, era a felicidade deles, todos se sentindo reconhecidos com os aplausos do público e, também, por terem participado de um evento cheio de artistas, cores, músicas. Outro detalhe que gerou encantamento foi a própria Universidade Federal do Rio de Janeiro, na Escola de Educação Física e Desporto, um lugar imenso, com uma piscina olímpica, eles nunca tinham visto algo parecido. Foi um dia mágico mesmo, com a criançada podendo viver momentos diferentes e cheios de novidades alegres. Eram uns doze guris e gurias, levados da breca, que aproveitavam tudo que podiam.

Por mais que eu não tenha iniciação no santo, tenho contato com a religião o bastante para saber que os deuses têm de ser consultados quando são os atores principais de uma cena. Então, depois de fazer todas as relações simbólicas entre as seis cadeias do Método GDS e os (até então) seis orixás, fui procurar a mãe de santo para pedir orientações sobre a realização do projeto. Afinal, já imaginava que seria uma pesquisa longa, pois nesse mundo de encantarias as coisas têm segredos que nos são passados somente por meio de oráculos e vínculos fortes com os iniciados. Portanto, fui pedir permissão e saber o que fazer.

Para quem não conhece a religião, quero esclarece uma coisa: todas as narrativas sobre os oráculos e a manifestação de entidades, não são simbólicas, não é *como se fosse real*. Esses fatos são reais para a nossa religião.

O oráculo! Quando *Mãe Carmem de Ogum* (a mesma do projeto com as crianças) abriu o jogo, eis que Oxumarê apareceu. Foi muito estranho, pois ela perguntou se eu iria dançar para Oxumarê. Com um sorrisinho meio sem graça, respondi de forma displicente, *"nãaao!"*, mas ela nem olhou pra mim e disse: *"Você vai ter de dançar para Oxumarê, é ele quem está protegendo todo o seu trabalho, Arroboboi!"*.

Pow! O mundo deu uma freada daquelas e depois de alguns segundos voltou a girar diferente. Caramba, só consegui pensar que não sabia muita coisa sobre Oxumarê, e estava muito ferrada! Aí, ela continuou – *Procure um candomblé jeje* (poucos meses depois eu estava em um ritual do Professor Xandy dedicado a Oxumarê, apesar de não ser um terreiro jeje). Nem vou continuar pelo caminho do encantamento, mas para você ter uma ideia do choque que eu tive, só depois de um tempo eu me lembrei da *lemniscata* (o oito deitado), o símbolo do infinito adotado pelo Método GDS. É o símbolo que representa a contínua passagem de tensão entre todas as cadeias. (Impressionante como isso desapareceu da minha cabeça!) Oxumarê, sem sombra de dúvidas, é o fundamento do método GDS.

Outra proximidade com Oxumarê me chegou quando percebi que algumas amigas sensíveis, justas e brabíssimas, eram filhas dele.

O adivinho cura Olodumare e vai morar no céu

Babalaôs têm o poder da adivinhação, são os sacerdotes de Ifá, o adivinho. Oxumarê era um babalaô que vivia na pobreza, apesar de atender um importante rei, de quatro em quatro dias. Triste com sua condição, ele foi se consultar e pedir conselhos a outro adivinho, e este lhe recomendou um ritual para torná-lo respeitado e reconhecido. Depois das obrigações, Oxumarê chega à sua casa e recebe um chamado de Olocum, mãe de Iemanjá, pois um de seus filhos sofria de uma doença rara e muito séria. Oxumarê consulta Ifá, que o orienta a realizar ebós, salvando assim o filho doente de Olocum. Então, a rainha de todos os mares, enormemente agradecida, ofereceu muitas riquezas a Oxumarê, que desde então não mais dependia dos miseráveis pagamentos feitos pelo rei. Muito rico e com sua fama correndo mundo, Oxumarê foi chamado pelo Ser Supremo para curá-lo de um problema de vista. Recuperado da visão, graças às indicações feitas nos jogos de Oxumarê, Olodumare não quis mais se afastar do Orixá Arco-íris e, por isso, o belo filho de Nanã foi morar no Orum, tendo autorização para vir à Terra em ciclos determinados pelo Deus Supremo.

Oxumarê, irmão de Obaluaê, é o filho mais lindo de Nanã

Só para relembrar, Obaluaê foi abandonado por sua mãe Nanã, tendo sido criado por Iemanjá. A *Senhora da Lama Primordial*, como Nanã também é conhecida, teve mais três filhos – Ewá, Ossaim e Oxumarê – este último o seu filho mais belo. Vaidosa e encantada com a criança, ela o exibia a todos, pois Oxumarê tinha todas as cores do arco-íris, e, ao mesmo tempo, era dotado de uma beleza tanto masculina quanto feminina. Uma vez, Nanã o levantou tão alto para que sua grandiosa formosura fosse por todos admirada, que acabou por decidir prender aquela criança lá nas alturas. Assim, morando no céu, antes ou depois das chuvas, suas cores podem ser vistas e veneradas por toda a gente da terra.

A formosura de Oxumarê, se por um lado despertou o interesse de Oxum, em outra lenda podemos ver uma estratégia criada pelo desesperado Xangô, para tentar tomar em seus braços o belo rapaz. No primeiro caso, Xangô ficou louco de ciúmes ao perceber que Oxum se insinuava para Oxumarê e este também já se encantava com a beleza de Oxum. Foi então que Xangô chamou o filho de Nanã para um duelo e, parafraseando Gabriel Garcia Marques, todos sabiam que aquele era o duelo *de uma morte anunciada*. E foi isso o que aconteceu: o guerreiro Xangô matou o frágil Oxumarê. Mas como moço bonito, quando morre, causa comoção geral, sua mãe convenceu o Ser Supremo, também penalizado com a lamentável perda, a transformar Oxumarê em arco-íris, mantendo-o eternamente vivo no céu.

No segundo caso, de um Xangô enamorado, conta-se a história que o Rei de *Oió* ficava observando aquele moço bonito passando, sempre só, preferindo andar pelo céu a se casar. Então, o guerreiro resolveu fazer uma cilada para prender o Arco-Íris. Chamou Oxumarê ao seu palácio, ordenou aos soldados que fechassem todas as saídas possíveis e tentou dominar Oxumarê em seus braços. Apavorado e infinitamente mais fraco que Xangô, Oxumarê suplicou a Olodumare que o ajudasse a fugir do *Deus dos Trovões*. O *Ser Supremo*, atendendo ao pedido desesperado do belo rapaz, transformou-o em uma serpente que apavorou o poderoso rei. Rapidamente, a serpente correu para uma fresta da porta e Oxumarê escapuliu do palácio de Xangô.

Caso você tenha ficado surpresa com uma lenda que sugira o desejo sexual entre dois orixás do mesmo sexo, tranquilize-se, pois encontramos histórias de sedução de Oxum com Iansã, um episódio entre Logun Edé e Oxossi, enfim, isso é mais um aspecto da mitologia dos orixás. O que acho importante no momento é chamar a atenção para uma leitura frequente que ignora a duplicidade de Oxumarê e o trata como um orixá homossexual. Heterossexual? Hermafrodita? Homossexual? Bissexual? Isso eu não posso afirmar e quem poderia, não é mesmo? No entanto, estendo esse aspecto também aos filhos de Oxumarê e prefiro ficar distante de especulações simplórias acerca da orientação sexual deles. O que realmente chama a atenção em Oxumarê é a sua capacidade de conter características do masculino e do feminino, que simboliza a complementaridade entre os opostos, comum aos ciclos da vida. Como *Yin e Yang*.

A melhor fala sobre esse tema foi dita pela Rose, a empregada doméstica de uma aluna, a Luciana, esta, muito firme em suas posições e, ao mesmo tempo, generosíssima com as pessoas, inclusive com sua funcionária. Há pouco tempo, a Luciana me contou que aconteceu uma situação complicada e ela resolveu tudo com sensibilidade, mas de maneira firme. Então, a Rose, de temperamento mais doce, se virou para a dona da casa e lançou a joia: *"Dona Luciana, a senhora é tão forte, que às vezes eu acho que tem um homem aí dentro da senhora"*. Maravilha! Com essa sensibilidade a Rose identifica a duplicidade de papéis de Oxumarê que, por um lado, transborda acolhimento e delicadeza, mas por outro, tem atitudes práticas e objetivas, estereotipadas pela sociedade como comportamentos femininos e masculinos. E a Rose, a sábia, em momento algum falou de multiplicidade, nem mesmo da substituição do masculino pelo feminino, ela ressaltou o masculino dentro do feminino. Quando ouvi essa história, entendi que era mais um recorte da vida que precisava ser encaixado no livro.

A lenda a seguir ressalta os aspectos de oposição e complementaridade relativos ao orixá das multicores. Durante seis meses, Oxumarê era uma mulher belíssima e nos outros seis meses transformava-se em um monstro, o que lhe causava profunda tristeza. Toda vez era a mesma coisa: quando Oxumarê, em seu período mulher, encontrava um companheiro com quem se envolvia, acabava apavorando o rapaz ao se transformar numa grande serpente. Certa vez, Oxumarê rebelou-se brutalmente contra a própria mãe, graças a uma ajudinha de Exu que criou certas intrigas, instigou-o a roubar o trono da *Senhora da Lama Primordial*, a dona do barro usado por Oxalá para confeccionar os homens e mulheres. Foi então que:

> *Oxumarê foi ao palácio de Nanã*
>
> *e aterrorizou a todos na sua forma de serpente.*
>
> *Nanã suplicou-lhe que não matasse ninguém,*
>
> *tentando dissuadi-lo do seu objetivo.*
>
> *Mas acabou entregando a Oxumarê sua coroa*
>
> *e Oxumarê foi coroado rei dos jejes.*[110]

O último capítulo deste livro é todo voltado para a ideia de permanência, da mesma forma que existe a ligação entre o Orum e o Aiê, graças ao ciclo da água na natureza, que cai sobre a terra e volta para o céu formando as nuvens, num eterno sem fim.

A mitologia de Oxumarê ressalta a relação entre os opostos e o equilíbrio entre eles para que o mundo continue existindo. De forma poética, a letra da música *Nação* fala do ato mais tradicional e equilibrado para a nossa preservação:

> *Cobra de ferro, Oxum-Maré*
>
> *Homem e mulher na cama*[111].

---

[110] Prandi (2016, p. 228).
[111] Blanc, A.; Bosco, J e Emílio, P. Nação. Rio de Janeiro: ARIOLA: 1982.

Figura 45 – Equilíbrio Entre as Cadeias GDS[112]

---

[112] Desenho de Guran, a partir de figuras de Denys-Struyf, em Campignion (2003, p. 37).

MÚSCULO

Axé é energia, que é a capacidade de produzir trabalho, que é a potência geradora de todos os movimentos, que é a ação permanente nas mais diversas formas e que é a pulsação de todas as coisas que existem. Quando desejamos *axé* a alguém, desejamos que a pessoa possa **agir** na vida com força, com ritmo, de maneira harmônica e incessante, o que não quer dizer acelerado.

Já vimos que os músculos precisam de energia/axé para a realização dos movimentos. Tenho falado o tempo todo que o Método GDS entende o corpo humano a partir da circulação de energia que ocorre entre as famílias de músculos, e ainda, que cada uma dessas famílias expressa atitudes básicas e com qualidades diferentes. Na construção da linguagem corporal proposta em *Entre o Mito e o Músculo*, por exemplo: **Exu-AP** é transformador e transgressor dos movimentos, **Ogum-PM** é provedor e empreendedor, **Obaluaê-AM** é prudente e sensorial, **Xangô-PA** é estrategista e idealizador, **Iansã-PL** é extrovertida e impulsiva e **Oxum-AL** é introvertida e controlada.

No final do livro, portanto, não há novidade alguma em comentar sobre a relação entre dança afro-brasileira e mitologia de cada um dos orixás, quando relacionadas às famílias musculares e suas tipologias expressivas. O que ainda não falei até agora, é que a energia/axé que circula entre todas as cadeias musculares, assim como em todas as etapas da nossa vida, tem um sentido preferencial e se apresenta em forma de ciclos.

Você já pensou que é assim que as coisas acontecem no geral? Percebeu que, mesmo em instantes, primeiro precisamos sentir a vontade de realizar algo (experimentar pelos sentidos), para depois entrar a etapa de idealização e finalmente a realização do projeto? As ondas (figura 46), da mesma forma, têm o seu ponto mais alto na crista, quebrando uma atrás da outra, no litoral. No entanto, começaram de um *oco*, para então subir na forma de parede, até a crista e depois um novo oco.

Figura 46 – Sequência de Ondas

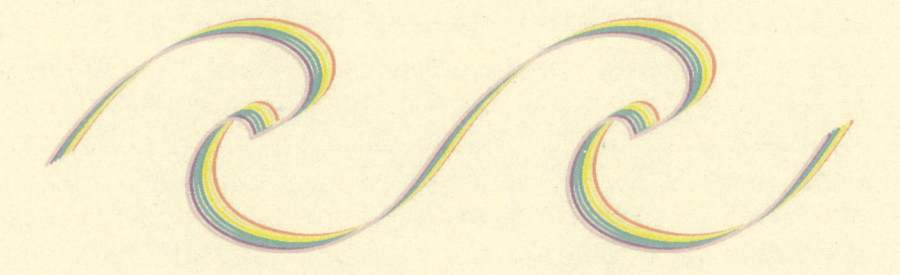

Oxumarê vive entre o sensível e o pragmático

O capítulo pede pausa para lembrar de novo. Por causa da ideia suprema de que tudo o que é respeitável precisa ser comprovado cientificamente, ressalto que o psíquico, as artes e as religiões, respeitosos como são, não carecem de aprovações de um sistema criado em bases de verdades absolutas. Verdades, essas, que podem ser vítimas de um descrédito repentino, e basta uma cambalhota de ideias para desacreditar tudo aquilo que foi considerado certo e positivo. É dessa forma que a manteiga, o ovo e alguns remédios já foram ou são proibidos por cientistas, mas, de uma hora para outra, novas teorias científicas tornaram esses produtos altamente recomendáveis. O cigarro, quem diria, já foi visto como um hábito elegante e *desestressante*!

Certamente a ciência é um privilégio da nossa sociedade, mas na dimensão dela e na linguagem dela. Isso quer dizer que o mundo é muito maior que as explicações científicas. O mundo existe para além da racionalidade; também é sensível, mágico, emocionante, da mesma maneira que o Método GDS. Evidente que seus conceitos se baseiam na ciência, especialmente na biomecânica e na fisiologia, mas tem um *porém* nessa história. Por ser um método com muitos aspectos associados à comunicação, ao campo sensório e ao comportamento humano, certos conteúdos do método GDS não são acolhidos pelos cientistas. E este é o momento propício para explicar que o Método GDS foi criado a partir de considerável influência da cultura chinesa, na qual *Qi* (chi) é um tipo de energia com enorme importância para a vida, bem próximo o sentido dado ao *axé* pelos iorubás.

Madame Struyf, como explicarei mais adiante, criou conceitos fundamentais para o seu método sob uma forte influência do marido, Dr. Struyf, médico com especialização em Medicina Tradicional Chinesa (MTC). Por ter essa forte relação com uma cultura milenar, determinados aspectos do *Qi* orientaram Godelieve na elaboração de conceitos e *estratégias de tratamento*. Assim, o método, ou seja, o caminho que ela criou para interpretar, trabalhar, reabilitar, reeducar o corpo humano é o caminho GDS. E este, em grande parte, baseia-se em aspectos sensíveis da natureza, da mesma forma que a Medicina Tradicional Chinesa.

Nas universidades onde são oferecidos cursos sobre movimento o humano, a razão ainda é a forma de pensamento absoluto e, de um modo geral, a sensibilidade e a percepção são amplamente desconsideradas. Uma das condições para que um método seja aceito como científico (e ensinado nas universidades) está na possibilidade de se ter os experimentos analisados, quantificados, previstos, testados. Mas como fazer a análise da relação entre uma cadeia GDS e comportamentos específicos em pessoas diferentes? E se a experiência fosse repetida em dias diferentes os resultados seriam os mesmos? Pois bem, os métodos científicos pretendem-se precisos e muitas das vezes o são, o que nos permitiu avanços tecnológicos e em todas as áreas da vida. Mas será que alguém consegue reproduzir uma expressão humana, ou consegue explicar com certeza o motivo de alguém ter determinada postura e não outra qualquer? E mais, será que todos reagem da mesma maneira, quando atingidos por determinado estímulo? Tais pontos, essenciais para atestar a cientificidade de um método, não servem para explicar tudo o que existe *na face da Terra*. Enfim, ciência é um tema complicado, até Freud tentou fazer da psicanálise em método científico, mas não conseguiu. Melhor para a psicanálise! Pois, assim como o Método GDS, esses saberes se aproximam do universo científico, mas continuam circulando também entre lógicas e formas de conhecer o mundo por meio das artes, da filosofia, da comunicação, da cultura. E se as ciências se ajustarem ao inconstante, ao imponderável? É só um "e se!".

Dito isso, apresentarei, de forma breve, três figuras adotadas por Godelieve para representar a circulação de *Qi*/energia/axé. Esses três símbolos têm a ver com a mecânica do corpo e com as alterações expressivas pelas quais as pessoas passam durante a vida. Talvez não seja possível dar um sentido preciso às imagens; por isso, faremos um pequeno teatro para melhor compreensão de todos.

Ei-las:

1. **Tríade Dinâmica**

2. **Onda GDS**

3. **Lemniscata**

A **Tríade Dinâmica** (figura 47) é responsável pelas mínimas alterações dos movimentos e expressões corporais, como por exemplo, começar a andar, arregalar os olhos diante de uma grande surpresa, ou mandar um beijo para alguém, ela é composta pela ação conjunta de três cadeias musculares e suas respectivas expressões:

- **Exu-AP** = realiza movimentos de transformação e ajustes, é responsável pelos ritmos e suas alternâncias.

- **Iansã-PL** = produz movimentos de expansão, são famílias de músculos que ampliam os nossos gestos.

- **Oxum-AL** = age com movimentos de contração, os músculos dessa família se fecham em busca de defesa, por isso podem ser reativos.

Figura 47 – Imagens da Tríade Dinâmica[113]

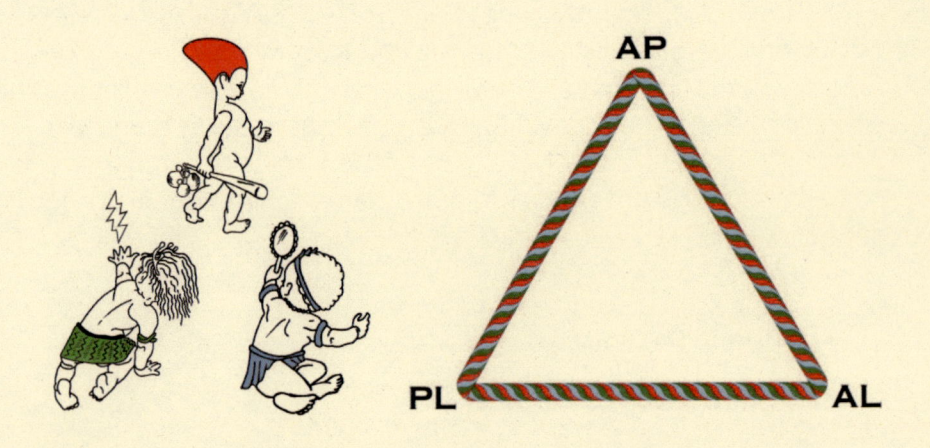

Onda do Crescimento do Método GDS (Onda GDS)

O segundo símbolo é a **Onda GDS** (figura 48), uma imagem criada por Godelieve para representar tanto o desenvolvimento da criança, como a sequência das etapas dos ciclos da vida. É uma figura utilizada para trabalhar os aspectos psicomotores, quando realizadas as leituras corporais. Ou seja, baseia-se na interação entre a expressividade e a organização biomecânica[114].

---

[113]   Desenho de Guran, inspirado em imagens de GDS.
[114]   Denys-Struyf (2010).

Figura 48 – Onda GDS[115]

Lemniscata

A **Lemniscata GDS** (figura 49) é o símbolo matemático do infinito. Para o método, a lemniscata representa uma ordem de atividades físicas e técnicas de manipulação desenvolvida para ser executada durante as aulas ou sessões do Método GDS. A lemniscata é uma das estratégias dinâmicas de tratamento que faz circular tensão por todas as famílias de músculos, na seguinte ordem: (**Iansã-PL**, **Oxum-AL**, **Obaluaê-AM**, **Xangô-PA**, **Ogum--PM**, **Iansã-PL...**).

Figura 49 – Lemniscata[116]

---

[115]   Desenho de Guran, inspirado em imagens de GDS.
[116]   Desenho de Guran.

Imaginação, a chave para os tratamentos GDS

Uma pessoa avessa aos assuntos da imaginação, ou muito objetiva, possivelmente terá dificuldades para entender o que a expressão *ciclos da vida* significa num processo de terapia corporal, como a do Método GDS. Por isso, inverti a ordem da exposição e resolvi dar um exemplo de algo que represente um pequeno ciclo vivido por uma família de trabalhadores, no seu cotidiano. O microepisódio é apenas uma das inúmeras ondas pelas quais passamos durante a vida inteira.

O acontecido começa com a típica imagem de comercial de televisão, num café da manhã tranquilo, em que três pessoas recém-acordadas estão sentadas à mesa comendo e conversando, antes de ir para o trabalho. Ainda em um ambiente de total preguiça, eles sentem o prazer de saborear o café quentinho, o pão com queijo, tudo isso na maior calma. Como o relógio da cozinha sempre marcava 15 minutos adiantados, eles sabiam que tinham tempo de sobra para sair de casa. Mas de repente, a dona do relógio entra em cena e avisa – *Ontem eu acertei os relógios da casa!* Foi o tempo de um *flash* para que as palavras invadissem os ouvidos e uma onda enorme subisse e quebrasse em cima dos três. Na mesma hora, meu irmão, eu e um namorado demos um pulo, corremos, aos berros com a minha mãe (o namorado não berrou, claro!), que nada entendia do nosso desespero. Dá para imaginar que foi um tempo curtíssimo para lidar com o susto, fazer o que dava e pegar as coisas para sair de casa.

Durante o café da manhã turbulento, cada etapa em que nós entrávamos demandava (de cada um) emoções e ações específicas para que o grupo pudesse chegar ao trabalho sem grande atraso. Observe a seguir como o episódio pode ser lido a partir de uma **Linguagem GDS**.

Godelieve, como havia comentado, criou uma imagem por ela denominada **Onda do Crescimento do Método GDS** para explicar predominantemente os aspectos psicomotores do desenvolvimento do bebê, mas o símbolo acabou sendo usado também para as discussões relacionadas às fases dos inúmeros ciclos da vida, inclusive, quando narrados pelos alunos/pacientes, em sessões do Método GDS. É necessário relembrar que o método se propõe a trabalhar com o corpo expressivo, e, dessa maneira, o profissional do Método GDS, a seu modo, utiliza a Onda GDS como um alfabeto para ampliar a comunicação com as pessoas envolvidas com a terapia. Buscamos identificar em que ponto a expressão corporal da pessoa está comprometida (em que fase da onda se encontra a pessoa) naquele instante, e esse olhar que lê traços começa a leitura desde o "Bom dia!" dado pelo sujeito, no início da aula/sessão.

Sobre esse símbolo, Régine Hubeaut (não mais presente no nosso grande ciclo), uma das professoras do I.C.T.G.D.S. (**Institut** des Chaînes Musculaires et Techniques **GDS**), era taxativa ao definir que os três lugares precisos da **Onda GDS** eram denominados **pontos** e que, devido a essa exatidão, os exercícios propostos deviam ser intensos e duradouros. Quando fiz um dos módulos de formação com a Régine, ela, com sua enérgica doçura, foi enfática na elaboração das atividades referentes a cada ponto da Onda GDS. Assim, durante todos os encontros do Módulo Psicocomportamental (como é denominada a parte referente ao estudo psicomotor, na formação do Método GDS), os três **pontos** da **Onda GDS** foram exaustivamente trabalhados. São eles: **AM** (afetivos e sensoriais), **PA** (simbólicos e de equilíbrio) e **PM** (lógicos e de aguerrido).

Na relação criada para *Entre o Mito e o Músculo*, os três **pontos** da onda são as três Cadeias Musculares GDS localizadas no eixo da personalidade (**AM, PA, PM**) associadas às expressões dos três mitos correspondentes, ou seja: **Obaluaê-AM**, **Xangô-PA e Ogum-PM**.

O **ponto** da onda, ou a etapa **estática** da onda, é a posição que indica a cadeia muscular e seu arquétipo absolutos. Ou seja, é o local da onda que representa, com definição, as características daquele momento (veremos isso mais adiante aplicado ao café da manhã).

Nos espaços dinâmicos, ou nas **vírgulas**, onde se insere a **Tríade Dinâmica**, os movimentos são grandes e suas características são híbridas, o dinamismo é voltado para a realização dos ajustes necessários a um novo comportamento. Afinal, sair de um ponto para outro é passar de uma pulsão (motivações) a outra. Então, os aspectos físicos e psíquicos representados por **Exu-AP, Iansã-PL** e **Oxum-AL** (tríade) serão afetados pelos dois **pontos** entre os quais a **vírgula** se encontra. Ou seja, a **Tríade Dinâmica**, ou a **vírgula**, se encaixa entre duas motivações.

Lendo traços na Onda GDS, um jogo de cena entre vírgulas e pontos

Foi justamente na transição do momento *café da manhã margarina*, para a *largada da corrida de 100 metros*, que as três duplas, **Exu-AP, Iansã-PL e Oxum-AL,** se juntaram para fazer o que elas sabem fazer – tirar o corpo de uma posição-expressão e lançá-lo para outra. **Tríade Dinâmica** △**,** também denominada **vírgula,** porque fica entre os **pontos** da Onda GDS (**Obaluaê-AM, Xangô-PA** e **Ogum-PM)**. Observe a figura 50.

Figura 50 – Tríades Dinâmicas – vírgulas entre pontos[117]

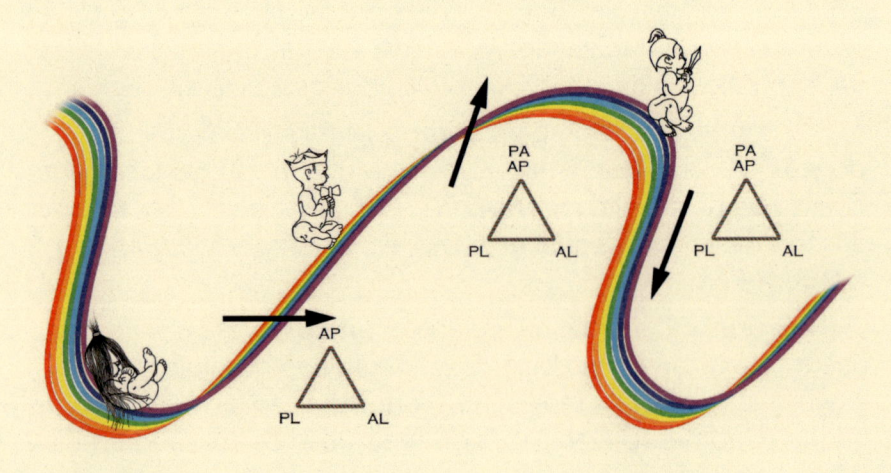

---

[117]   Desenho de Guran, a partir da Onda de GDS.

- A primeira △ aparece na onda onde entre os pontos **Oba-luaê-AM** e **Xangô-PA**, com uma pulsão para **frente**.

- Logo depois da novidade de dona Marília, foi o período em que os atores passaram da condição de *meio acordados* e ainda **sentindo** o que estava acontecendo, para o pulo da cadeira, tentando entender a situação e ao mesmo tempo **pensando** numa ação futura.

- A segunda △ surge entre os pontos de **Xangô-PA** e **Ogum--PM**, com a pulsão para o **alto**.

- Momento de muita agitação, em que todos, apesar da confusão, **planejavam** uma saída para a nova situação, ao mesmo tempo precisando **decidir** com rapidez.

- Em uma das inúmeras vivências referente à **Cadeia PM**, proposta pela Associação dos Praticantes de GDS, aqui no Rio de Janeiro, a expressão **técnica de gambiarra** surgiu como um exemplo dessa situação. É quando conseguimos resolver instantaneamente um problema, mas do jeito que puder.

- A △ entre **Ogum-PM** e **Obaluaê-AM** representa o retorno para o oco da onda, para um novo começo. A Tríade Dinâmica que leva para um novo ciclo tem a pulsão para **baixo**.

- Nessa fase, os três **encontraram a solução** possível e saíram de casa para trabalhar. No elevador, mais calmos, **lembravam-se** do episódio e riam da loucura vivida. Eles já estavam entrando no novo ciclo, ou seja, a caminho do trabalho.

Obs. Se alguém, ao passar por um momento igual, continuar calmamente tomando café, das duas uma: não tem horário marcado logo após, ou perdeu o horário por falta de *axé* nas três expressões de uma das cadeias.

a. Se tivéssemos ficado tomando café e resmungando, apesar de atrasados, **Obaluaê-AM** estaria dominando a Tríade dinâmica, e a força que puxa para trás teria paralisado qualquer possibilidade de movimento para frente.

b. Se começássemos a falar, berrar, esbravejar irados, e não tivéssemos conseguido sair de casa, perdendo o horário, **Xangô-PA** estaria tão forte, a ponto de abafar o axé da Tríade Dinâmica, que nos perderíamos apenas em reclamações, reflexões e idealizações.

c. Se tivéssemos saído de casa correndo, por exemplo, sem dinheiro, ou sem a chave da portaria; a Tríade Dinâmica estaria sob a forte influência de **Ogum-PM**. Nesse caso, não conseguiríamos executar o mínimo proposto pela estratégia porque a raiva teria confundido a razão.

Obs.² Repetir padrões é manter a desorganização entre as cadeias quando embola a tensão de um ciclo com o próximo. O terapeuta corporal orientado pelo Método GDS busca aproximar o movimento das suas intenções, propondo ao aluno/paciente gestos justos, não falamos de gestos certos.

O que dizem os pontos da Onda GDS

Figura 51 – Os pontos da Onda GDS[118]

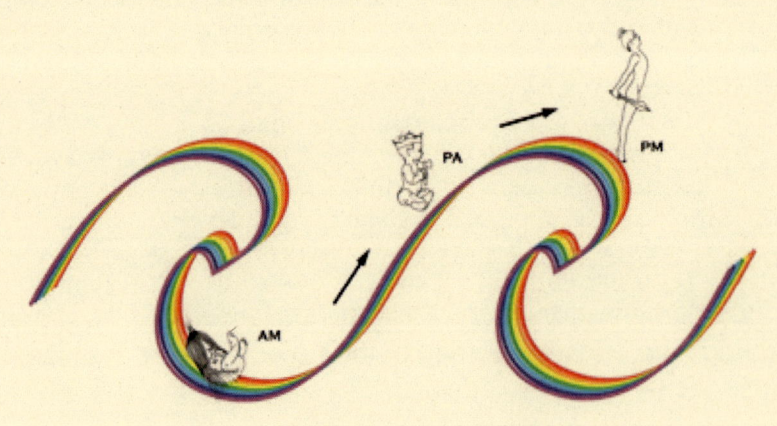

TRÊS PONTOS SOBRE A ONDA, AM, PA E PM

---

[118] Desenho de Guran, a partir da Onda de GDS.

No momento de calma, quando os três saboreavam o café e as delícias matinais, a família ainda estava recém-desperta de uma noite de sono, ou seja, eles se encontravam num típico momento **Obaluaê- AM**. Os corpos nem tinham entrado em ação direito, ainda estavam meio sonolentos, começavam a exercitar o sentido do paladar.

No segundo momento, com a entrada da minha mãe em cena, informando que tinha acertado o relógio, um mundo de estímulos arrancou os três da mesa e os lançou em movimentos desesperados. Assim que ela começou a falar, tivemos que, rapidamente, decodificar/interpretar a mensagem de dona Mercedes Marília, além de lidar com o desespero de corpos agitados. Como um raio, nos levantamos e começamos a criar uma estratégia de ação. O Worms, meu irmão, e eu, esbravejávamos e corríamos para muitos lados (banheiro, quarto, porta de saída) e sempre esbravejando na tentativa de recuperar os 15 minutos perdidos. Depois de sentir uma grande aflição, foram segundos preciosos, pois, quase ao mesmo tempo, tivemos de despertar, entender a mensagem e elaborar uma saída. Momento **PA-Xangô**.

Imediatamente após idealizar a estratégia, entramos na atitude **PM-Ogum,** quando resolvemos tudo do jeito que podia ser solucionado, e saímos para o trabalho. Godelieve percebeu que, como as ondas do oceano, as nossas ondas sociais e pessoais podem ser longas, altas, pequenas, breves, quebrar antes da hora e mais, quanto menor o número de entraves nós tivermos, mais tranquila é a vida. Portanto, sustos como aquele do relógio, ou qualquer dificuldade que insiste em se repetir durante a nossa navegação afetam as etapas de um ciclo. Porém, em cada onda que entramos temos a oportunidade de rever e alterar os nossos padrões viciados.

Ditado de imaginação

Pensando em facilitar o entendimento da Linguagem GDS, imagine algo bacana, o que te tira da preguiça e leva ao movimento prazeroso. Pois bem, caso você venha a se lançar à realização desse desejo, em algum momento: a) você vai ser afetado por sentimentos ao pensar na realização do seu desejo (prazer, alegria, saudosismo...); b) terá que idealizar uma forma de concretizar seu desejo; e c) criar uma maneira de executar o trabalho. Pois bem, tente identificar na sua infância fases da **Onda GDS**.

Onda do Crescimento GDS e os Pontos na infância

Figura 52 – Onda do crescimento GDS[119]

---

[119] Desenho de Guran, a partir da Onda de GDS.

Do ponto de vista do crescimento do bebê, a **Primeira Grande Onda GDS** (figura 52) é o ciclo que começa no nascimento e finaliza com a entrada da criança no processo de alfabetização, ou de um maior amadurecimento cognitivo, pois os analfabetos também ampliam suas trocas com o mundo nessa fase. O que não podemos negar é a importância da alfabetização para a criança, visto que um mundo de descobertas acontece e aumenta a qualidade de comunicação com o meio.

A seguir, estão as características dos três pontos da onda, especialmente na primeira infância e, mesmo que de maneira repetitiva, nas outras fases da vida. E é bom lembrar que estamos lidando com corpos expressivos e, dependendo do profissional, a ênfase no trabalho pode ser do ponto de vista psíquico ou motor. Assim, os professores de Educação Física, fisioterapeutas, bailarinos, entre outros profissionais do movimento humano, atuam com focos diferentes das ações de psicólogos, psicanalistas e pedagogos, por exemplo.

Ponto Obaluaê-AM

Quando o bebê chega ao mundo, todo em flexão e bem enroladinho, ele ocupa o ponto **Obaluaê-AM**. Nessa fase, com a expressão de enrolamento definindo a cadeia, a vida se restringe a ações da fase sensório motor. Os movimentos não têm intencionalidade e a comunicação ocorre a partir das sensações. O corpo responde ao instinto a estímulos do meio e a reflexos motores.

Na vida, quando estamos recolhidos no fundo da onda, ponto onde tudo é favorável para perceber o meio e a condições internas, o momento sugere espera e prudência até que apareça uma oportunidade para começar um trabalho de imaginação e planejamento. O ponto **Obaluaê-AM** pede para que haja cuidado com os afetos e que se ampliem as bases sensíveis da nossa estrutura. É o momento apropriado para experimentar com maior intensidade os sentidos (o corpo) e os afetos, quando há o fortalecimento da sensação de existência, da capacidade de corporificar[120] e de aumentar a segurança em si. É o instante de uma volta para dentro de si. Não é a melhor fase para as estratégias e realizações práticas.

Ponto Xangô-PA

É a etapa representada pela parede da onda, um período em que o corpo do bebê já alcançou alguns amadurecimentos neuromotores e sua comunicação com o mundo cresce, agora com movimentos que vão sendo construídos com maior intencionalidade. Tais gestos são a confirmação de uma progressiva capacidade de simbolização, pois a criança, pouco a pouco, aprende com as outras pessoas a usar movimentos, palavras, sons, objetos (signos) com intencionalidade[121], como as palavras que começam a ganhar sentido nas conversas. É o caso da palavra **cadeira** a ser utilizada mesmo sem o **objeto cadeira** presente – *Vai procurar a cadeira do neném!* Ou ainda, **balançar a cabeça para os dois lados** para dizer **não**. A **palavra cadeira** quer dizer qualquer objeto cadeira e, além disso, não precisa haver a coisa presente para a criança sair em busca, desde que fale português, é claro!

Nos outros ciclos da vida, o momento **Xangô-PA** é a etapa em que as sensações e os sentimentos sustentam a imaginação. Depois da experiência de corporificação, vivida na etapa anterior, uma pessoa pode imaginar histórias mirabolantes, mas tendo os sentidos e as emoções amadurecidos ela não confundirá a sua imaginação com a realidade. Um bom caminho para ficar longe de paranoias.

É preciso muita criatividade para planejar uma situação específica, ou tentar antever a realização do que é desejado, pois o exercício da imaginação é sustentado pelos símbolos que aprendemos com a cultura. A realidade sensorial construída no corpo

---

[120] A ideia de corporificar tem a ver com a produção da presença, ressaltando a capacidade de perceber o mundo no presente, de maneira coordenada, o que organiza o refleti ao agir. É dar sensação, peso e volume ao corpo, reforçando a noção de ocupar um lugar no espaço. Bertazzo (2004 e 2015).

[121] De uma forma muito simplificada, signo é algo que representa outra coisa.

que se sabe presente é a fonte de segurança para viajarmos e voltarmos inteiros, o corpo, com os pés no chão, é o nosso passaporte de retorno das fantasias e delírios imaginários. Só assim pode haver preparação para as ações futuras. Primeiro sentindo, depois imaginando.

Ponto Ogum-PM

A crista da onda é o ponto mais alto, quando a criança atingiu maturidade biológica e psicomotora para aprende a ler e a escrever, ampliando a sua capacidade de se comunicar, e pode começar a agir com maior autonomia em relação ao mundo da cultura. Seu universo se ampliou, ela ganhou domínio sobre questões concretas, imediatas, olha para o mundo e o vê a partir do seu ponto de vista. Aquele conjunto de letras e números vai ter significado de nomes, cores, ações. E, futuramente, a criança tem outro salto, quando começar usar a lógica para resolver problemas abstratos, adquirindo a capacidade de refletir, de criticar um fato para, então, tomar suas decisões. Aí, começam as opiniões a partir do olhar da criança.

Em outros momentos da vida, a **etapa Ogum-PM** é a hora de concretizar, de se lançar às descobertas e realizar o que foi planejado. É o momento de tentar, ao máximo, manter o controle de tudo o que se encontra ao redor para que as realizações, invenções e decisões; sejam favoráveis. As ações empreendidas como resultado de planejamentos prévios têm grandes chances de florescer e gerar frutos.

Lemniscata

Figura 53 – Lemniscata GDS[122]

Na matemática, o símbolo do infinito tem a forma de uma hélice (∞). Batizado por um suíço com o nome de lemniscata, a origem do termo está associada a um tipo de fita que enfeitava as coroas triunfais da Roma antiga, o *Lemnisco*. Mas Godelieve atravessou toda a cultura europeia até chegar à Medicina Tradicional Chinesa para propor a **Lemniscata GDS** (figura 53).

Os trabalhos de educação postural, reeducação do movimento ou qualquer outra atividade física, realizados em sessões ou aulas de profissionais cadeístas do Método GDS, têm o intuito de favorecer a harmonia do gesto humano, ao se empenhar em equilibrar as polaridades existentes entre as cadeias musculares. Na estratégia da **Lemniscata GDS** são utilizados exercícios físicos, manipulação e sensibilização, de maneira que todas as cadeias sejam contempladas pela circulação de energia/axé/*Qi*, de forma ativa ou passiva. Os estímulos provocados durante a realização da lemniscata têm a função de, acima de tudo, induzir um **sentido à circulação de tensão**. Na execução da **Lemniscata GDS**, a ordem das cadeias

---

[122] Desenho de Guran, a partir das imagens de Denys-Struyf (1995).

a serem estimuladas é a seguinte: **PL**, **AL**, **AM**, **PA**, **PM**, **AP**[123]. O que influenciou Godelieve na hora de estabelecer tal regra?

É preciso esclarecer que uma das associações que GDS fez entre seu método e a cultura chinesa evidencia-se na relação entre as cadeias musculares e os cinco elementos fundamentais:

- **PL** – **madeira**

- **AL** – **metal**

- **AM** – **terra**

- **PA** – **fogo (Imperial)**

- **PM** – **água**

- **AP** – **fogo (Ministerial)**

Além disso, o *Qi* para os chineses é algo que se aproxima do nosso conceito de energia, que no corpo, circula por canais denominados meridianos. Segundo o conceito de *Grande Circulação* (do *Qi*)[124], o início ocorre às três horas da manhã, e segue em um determinado sentido: do tronco para as mãos; das mãos para a cabeça; da cabeça para os pés; dos pés para o tronco. Além disso, há horários específicos de maior concentração energética para alimentar os órgãos. De maneira abreviada, a ordem diária do fluxo energético está representada a seguir:

- 1° Pulmão e intestino grosso – **metal**

- 2° Baço, pâncreas e estômago – **terra**

- 3° Coração e intestino delgado – **fogo**

- 4° Bexiga e rim – **água**

- 5° Parte do sistema nervoso e a circulação de hormônio – **fogo**

---

[123] As cadeias estão dissociadas dos orixás para facilitar a compreensão e o AP foi introduzido no final, pois essa é a referência original, uma vez que Exu-AP circula em todos os momentos da estratégia.

[124] Miguet (2011).

- 6º Fígado e Vesícula biliar – **madeira**

Obs. a única diferença entre a ordem de circulação diária do *Qi* e a Lemniscata GDS, no que diz respeito à simbologia dos elementos, é que a **madeira/PL** encontra-se no fim dessa lista. No entanto, há uma explicação para tal mudança, Godelieve afirma que a cadeia muscular **AL,** com sua expressão, é muito reativa, pois o corpo em busca de defesa se fecha e, por isso, não devemos iniciar o trabalho diretamente sobre aquela cadeia. A cadeia **PL**, muito mais favorável a trocas com meio exterior, foi antecipada e passou a ser o ponto de partida por onde começamos as atividades da **Lemniscata GDS**.

As práticas orientadas pelo Método GDS voltadas para o lazer, para a prevenção de lesões ou para a reabilitação motora, sendo estratégias de tratamento ou atividade física, são todas pensadas a partir da circulação de tensão/energia/axé/*Qi*. Nós, cadeístas do Método GDS, compartilhamos da ideia de que tudo o que existe na vida depende, ou seja, é alimentado por essa força.

Nas lendas de Oxumarê, ele representa o fluxo incessante do axé em busca de equilíbrio entre as polaridades, ao mesmo tempo masculino e feminino, ou o arco-íris no céu e a serpente na terra. É o cordão contínuo que permite que a mãe alimente o bebê até a primeira respiração e, também, o orixá que mantém todos os nossos ciclos reunidos durante toda a nossa trajetória. Arroboboi, Oxumarê!

Presente em culturas milenares, a lenda de *Ouroboros* diz que a serpente morde o próprio rabo ao envolver o planeta Terra para evitar a sua desintegração. Assim como a lemniscata, a serpente representa a circulação infinita de tensão/energia/axé/Qi, não deixando que o movimento se perca e cesse.

Do ponto de vista muscular, a dificuldade de se expressar e de assumir determinadas posturas leva o corpo ao sofrimento. Portanto, Oxumarê, ao manter coeso o *Qi* em nossas vidas, busca dar continuidade à passagem de energia por todas as etapas dos nossos ciclos, mesmo com os bloqueios ou fragilidades no caminho. Portanto, é a qualidade de circulação de axé que indicará se temos, mais ou menos, nossos ciclos equilibrados. Como os deuses do panteão iorubá estão sempre em movimento, revezando-se em suas ações para manter a natureza em harmonia, as cadeias musculares e suas tipologias também precisam alternar-se ao exercer maior ou menor potência no corpo humano. O Método GDS é uma proposta que busca a circulação de energia/axé/*Qi* entre todas as cadeias, pois é esse movimento incessante que permite a ampliação da comunicação do nosso **corpo linguagem**.

Figura 54 – Dança de Oxumarê[125]

---

[125] Fotografia e ilustração de Vander Borges.

DANÇA

A capacidade que o corpo tem de assumir posturas diferentes pela vida afora é muito maior do que a nossa razão pode alcançar. Mas antes de começar a apresentar os movimentos que executávamos para o Orixá Arco-íris, quero falar do *xirê* – roda realizada pela família de santo, onde todos dançam e cantam para todos os orixás.

O corpo de cada pessoa, como num harmonioso *xirê*, pulsa em sentidos e formas diferentes, sempre que motivado por estímulos específicos. Dessa maneira, a energia, o *axé*, o *Qi* precisam circular livremente, permitindo ao corpo maior comunicação e expressividade com os mundos. Por isso, todo corpo tem a liberdade para executar as danças da vida, todas as danças...

É interessante lembrar que apenas de quando em vez dançávamos para Oxumarê. Durante as nossas aulas, raramente dedicávamos um tempo considerável ao orixá responsável pelo equilíbrio dinâmico entre as polaridades. Entretanto, na percepção de quem dançou para o orixá, mesmo que poucas vezes, identifico duas formas de construir os gestos das coreografias que eram realizadas para Oxumarê: a) quando insinuávamos as funções do orixá, de continuidade dos movimentos, mantendo a ligação entre o Aiê e o Orum; e b) nas performances executadas pelos bailarinos que dançavam e interpretavam a grande serpente.

A sucessão de ondulações ao ritmo forte do atabaque, era realizada, principalmente com o tronco e os braços. Feitas com o tronco, as ondulações aconteciam na posição de pé ou com a flexão de bacia. Em paralelo, os braços elevados na altura da cabeça, com cotovelos semiestendidos, serpenteavam, acompanhando o tronco. As mãos sobrepostas ou cruzadas (entre o polegar e o indicador), simulando a cabeça de uma cobra, realizavam mergulhos em direção ao chão, dando uma aparência alongada ao corpo, que subia e descia, sempre a serpentear. A cabeça, da mesma forma, compõe a movimentação com gestos sinuosos do pescoço, levando-a para todos os lados.

Os passos das coreografias de Oxumarê, quando executados de pé, com deslocamentos para várias direções, também buscavam a forma alongada (figura 54), como um cordão, sempre subindo e descendo de várias maneiras segundo as marcações. Ora com os indicadores apontando para cima e para baixo, ora com a mão em forma de concha, como a cabeça de uma naja. As variações dos tempos das músicas e dos gestos em movimentos ondulantes tornam a coreografia forte e contagiante.

De maneira distinta e segundo a construção, identifico gestos criados a partir da ideia de performance, ou seja, quando a dança se mistura com um gestual que imita o animal, no caso a Grande Serpente, criando um espaço de espontaneidade do artista, mesmo no aspecto relacional com o público. Eram números em que os movimentos podiam ser feitos de pé, associando gestos mencionados anteriormente, mas com expressões faciais como se fossem bailarinos-cobra hipnotizando a presa (público). No entanto, era o chão que marcava por demais essa interpretação. Os dançarinos realizavam os passos na posição deitada, com rolamentos, deslocamentos com torções, serpenteando pelo chão. A cabeça podia subir na intenção do bote, em seguida o corpo todo rolava para os lados, flexionando o tronco e a pernas, em posição fetal, como se a serpente estivesse arredondada. Talvez essa forma remeta à serpente que morde a própria calda, pois é Oxumarê quem circunda o nosso planeta mantendo a sua unidade. O auge da performance eram algumas marcações em que os bailarinos sibilavam e agitavam a língua para a plateia.

Dançar para Oxumarê exigia um grande condicionamento físico, coordenação, compressas de gelo e/ou anti-inflamatórios.

Oxumarezice

O pote de ouro fica no final do arco-íris e para se apropriar desse tesouro é preciso muita benevolência e temperança. Na condição de **oxumarezice**, a arrogância de quem conseguiu alcançar determinada riqueza transborda e a pessoa nem se acanha em exibir sua posição privilegiada. No início de sua história, Oxumarê viveu se arrastando entre reis e povoados, trabalhando de maneira nobre, prevendo o destino e favorecendo aqueles que vinham consultá-lo. As dádivas, portanto, chegaram a ele de maneira nada fácil. Sim, Oxumarê sempre lutou sem medir esforços para conseguir riqueza e reconhecimento; por isso, quando ocorre um desequilíbrio na organização do homem arco-íris, ele se sente muito à vontade para ostentar o produto de todo o seu esforço. A ostentação não passa pela pura exibição do belo e requintado, mas pelo poder de controlar e se fazer admirado.

De modo geral, o orixá é dotado de grande generosidade e tranquilidade, acolhendo de maneira segura as pessoas com quem tem afinidade (nem todos têm acesso a ele). No entanto, nas ações exageradas, torna-se intolerante, gerando enormes atritos e situações conflitantes, especialmente pela falta de humor. Outra atitude descompensada do orixá é acreditar demasiadamente no seu ponto de vista; o seu sexto sentido aguçado entra em ação na tentativa de se defender ou evitar problemas, mas acaba provocando desordens ainda maiores. Por isso, em muitas situações, envolve--se em fofocas com as quais até se diverte. Na **oxumarezice**, ele perde seu ar elegante e meio aristocrata e passa a agir de maneira arrogante e prepotente.

Nos momentos em que Oxumarê fica surdo para o próximo, não duvida de si e acredita plenamente na sua intuição, os problemas aparecem. De um modo geral, ele tem um olhar empreendedor e fulminante para o mundo, o que lhe gera riqueza. Por outro, quando isso se perde na presunção do *orixá adivinho* e transforma o seu ponto de vista em verdade absoluta, ele beira o ridículo. É preciso que ele se lembre de que cobra não enxerga bem.

A PRÓXIMA ONDA

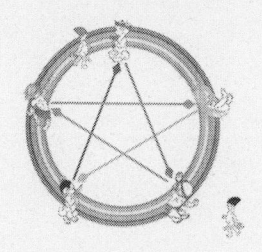

ILHA DE PAQUETÁ

A **Onda GDS** do livro *Entre o Mito e o Músculo* começou a se formar no fundo da Baía de Guanabara, numa porção de terra cercada por emoções e corpos brincantes circulando pelas ruas da Ilha de Paquetá. Durante três anos, envolvida pelas águas férteis de Iemanjá, num grande útero tropical, os dias me alimentavam com lembranças do IAPI da Penha e com os afetos necessários à *produção de presença* (*produzir presença* significa realizar ações que empreendemos no presente para ocupar o espaço em que estamos[126]). Por isso, digo que em Paquetá fui parida pela segunda vez, quando o aconchego e a sensação de segurança contribuíram para minha volta ao continente, com mais força nas pernas e, também, com uma confiante indicação de caminhos repletos de desejos e projetos a serem construídos.

A idealização e a execução de todo o livro, com pesquisas, conversas e experiências sensoriais e encantadas, fluíram rapidamente, mas já no continente, precisamente em Botafogo. Em poucos meses o livro inteiro tinha sido concluído, ficando pendente apenas uma infinidade de *detalhes luxuosos*. Agora, antes de fechar este ciclo, é importante deixar registrado que, no curso das mais diversas pesquisas, deparei-me com **uma** dificuldade e **duas** curiosidades.

---

[126] *Produção de presença* é um termo criado por Gumbrecht (2010).

ANCESTRALIDADE, MERCEDES E GODELIEVE

Os deuses bantos são denominados inquices.

Orixás são os deuses reverenciados pelos iorubás.

ANTEPASSADO E ANCESTRAL

A palavra **ancestralidade** quase não foi empregada nos textos, apesar de saber o quanto meus ancestrais participaram desta construção. No entanto, em muitas das tentativas de me apropriar do termo, sentia que seu emprego ameaçava sua integridade. Por mais que eu tentasse escrever, e refletisse sobre os traços encantados dos meus ancestrais, não aconteceu! É certo que, na construção do livro, um tecido foi sendo fabricado a partir das histórias dos meus familiares, do sangue e da força dos antepassados que já se foram e de outros tantos que ainda estão encarnados e com quem caminho por esse mundão.

Numa conversa com a Mãe Carmem de Ogum, quando falávamos sobre os diferentes **tipos de parentescos** (espiritual e histórico), percebi que não tinha feito tal distinção de maneira racional. Agora, acho até que essa forma inconsciente de separar a parentada deve-se à minha vivência superficial (não iniciada) dentro da minha religião. O desconhecimento e o respeito aos meus ancestrais me impossibilitam de fazer uso da palavra ancestral.

Tat'Etu Kiretauã, um sacerdote da cultura banto, adota o termo *ancestrais genealógicos* para falar dos antepassados de uma família. Segundo ele, os *ancestrais genealógicos* são os personagens da família, de toda uma história familiar encarnada. Ele diz que: "*Todo e qualquer ritual de ancestrais (Pangu Ia Mukulu), tem cunho de caráter religioso, entretanto, não é separado o que é material do que é espiritual"*[127]. Eu **sinto** que toda a *escrever-vivência, parecida como a de Evaristo*[128], do *Entre o Mito e o Músculo* foi embalada pela história dos meus ancestrais, *genealógicos* ou não. No entanto, um grupo de iniciados em Ifá apareceu quando eu finalizava o livro, talvez para mudar o rumo dessa prosa. E mais não digo!

Traduções africanas

As curiosidades, por outro lado, foram aparecendo e formando novas e pequenas **Ondas**, principalmente no que diz respeito aos estudos sobre linguagem corporal e cultura afro-brasileira. Dentro desse cenário, encontram-se as produções de Godelieve Denys-Struyf e Mercedes Baptista, que tiveram o privilégio de traduzir[129] culturas milenares, ambas seriamente dedicadas à expressividade humana.

A herança africana, por um lado, permitiu que as salas de *ballet* do Rio de Janeiro fossem visitadas por corpos de guerreiros, de mulheres sedutoras e impulsivas, de velhos sábios e de reis conquistadores. Por outro, a tradição chinesa, graças aos saberes milenares que identificam o homem como mais um elemento em busca de equilíbrio, penetrou pelos discursos europeus sobre movimento humano, enriquecendo os conceitos da anatomia e da biomecânica. Foram as culturas tradicionais, as africanas com Mercedes e a chinesa com Godelieve, que sustentaram a base deste livro.

O interessante é que, apesar dessas mulheres terem sido forjadas pela cultura europeia, mesmo que sob diferentes pressões, ambas tiveram bastante sensibilidade para perceber e traduzir o **corpo** a partir dessas **linguagens milenares.**

---

[127] Tatetu Kiretauã riá Nkisi. Disponível em: http://www.historias.interativas.nom.br/incorporais/bbarroco/artigos/angola.pdf. Acesso em: 10 jul. 2019.

[128] Evaristo, C. Nossa escrevivência. "A nossa escrevivência não pode ser lida para ninar os da casa grande e sim para incomodá-los em seus sonos injustos." Disponível em: http://nossaescrevivencia.blogspot.com/2012/08/escrevivencias-da-afro-brasilidade.html . Acesso em: 9 jul. 2019.

[129] O verbo traduzir, aqui, fala sobre outras linguagens, sobre o que foi dito inicialmente por alguém e, durante as traduções, o tradutor criou um espaço para criação.

O primeiro fato apareceu logo que comecei a escrever o livro, quando meus laços se estreitavam com o *povo de santo*. Filhos e filhas de santo, assim como líderes da religião afro-brasileira, encantavam-me com suas histórias diárias e seus requintados rituais. Nessas idas e vindas a terreiros, arriscava comentários sobre o livro e ficava atenta às reações, quando ocorriam. E foi com a dança de Oxum que confirmei uma suposição minha: Mercedes Baptista, longe de copiar, teria **traduzido** o universo das danças populares para o mundo do espetáculo e para as salas de aula de formação de bailarinos.

Pensar Mercedes como a *primeira bailarina negra do Teatro Municipal*, apesar de ser esse um grande dado para a biografia dela, já não bastava para a grandeza de seu trabalho. Partindo de buscas superficiais, tenho encontrado poucas pesquisas rigorosas e registros sobre os movimentos coreográficos criados por Mercedes Baptista. Onde estão os dados sobre o método de Dança Afro-brasileira, criados por ela? Cadê os estudos sobre as pesquisas aprofundadas de Mercedes Baptista, realizadas muitas vezes durante suas viagens feitas pelo Brasil? E os passos dos orixás criados por ela, para o espaço cênico, graças a seus alunos e contatos com *babalorixás*, como *Joãozinho da Gomeia*? No Museu da Dança, de São Paulo até maio de 2017, não havia documento algum sobre Mercedes Baptista.

Seguindo a ideia de tradução, e não de reprodução pura e simples das manifestações populares, por exemplo, dá para entender que o lundu traduzido por Mercedes Baptista tenha muito pouco a ver com a dança do lundu realizada no norte do país; no entanto, Mercedes manteve em suas coreografias o traço de ironia aos costumes de uma época e região. Dessa maneira, ela também pode traduzir as danças de orixás as quais, apesar de manterem um vínculo expressivo com os mitos dos deuses, apresentam formas diferentes das realizadas nos terreiros. No entanto, Oxum dança nos palcos e nos terreiros com rotações internas, principalmente dos braços.

A chave para a realização de uma obra que respeite a memória e a produção artística de Mercedes está nas mãos de seus ex-alunos. Registrar a memória da cultura afro-brasileira é uma obrigação que o país precisa cumprir para com esta mulher, bem como para grande parte de uma nação descendente de negros que tiveram suas identidades apagadas. Por isso, conservar e divulgar o trabalho de Mercedes Baptista é respeitar a memória de saberes e expressões que vêm resistindo a constantes tentativas de apagamento cultural.

O segundo fato curioso ocorreu quase no final do livro e se refere à origem do termo macumba, quando traduzido do *quicongo*. O *quicongo* é uma das línguas da grande raiz banta. No livro *Bantos, malês e identidade negra*, Nei Lopes[130] diz que *o escravismo brasileiro foi eminentemente banto*, e que tal cultura deixou fortes marcas no cotidiano brasileiro.

Muitos dos homens e mulheres bantos escravizados que chegaram ao Brasil, grande parte pelo *Cais do Valongo* (Rio de Janeiro), tinham sido capturados e *armazenados* (como mercadorias) no Congo. Foi lá, quando ainda colônia belga, que Godelieve viveu até os 15 ou 16 anos. Em 1946, quase duas décadas antes da independência do Congo (1960), sua família retorna para Bruxelas, onde Godelieve inicia seus estudos na Escola de Belas Artes. Ou seja, ela já desenhava e, muito, retratos na África.

A partir de uma tradução feita por Luiz Antônio Simas e depois pelo registro de Nei Lopes em seu *Novo dicionário Banto do Brasil*[131], a (palavra) *macumba* me encaminhou até chegar à **coincidência geográfica**. O Congo é o berço africano da criadora do Método GDS. É o local onde também se fala o *quicongo*, língua banto que, como já mencionado anteriormente traduz macumba como feiticeiro, feitiço, e não com um instrumento de percussão. Ok, tudo isso poderia ser uma mera coincidência e ponto, mas como me dizia a dona Iracema – *"Você só vive inventando moda!"*, dito e feito. Minha imaginação começou a trabalhar a todo vapor. Se, por um lado, eu ainda tinha que realizar pesquisas para os últi-

---

130 Lopes (2011).
131 Lopes (2003).

mos capítulos do livro, por outro, a imaginação criou um cenário em que Godelieve, a jovem artista belga de olhar observador que reproduzia a expressividade das figuras humanas na África teria, de alguma forma, sido afetada pela requintada cultura dos bantos.

O Congo, desde então, não é mais somente o berço de Godelieve Denys-Struyf e das palavras macumba, cuíca, jiló, lero-lero, mas pode tornar-se a origem de um ciclo que *catuque*[132] possíveis influências culturais banto no processo artístico de Godelieve. Afinal, desde nova, ela desenhava figuras humanas no continente africano.

Como vimos, na fase inicial da **Onda GDS**, as crianças captam detalhes sutis do ambiente onde vivem por meio das sensações e da percepção dos movimentos (**Obaluaê-AM**), da mesma forma que os reproduzem com muita sensibilidade e arte (**Xangô-PA**) pela vida afora. Será que aspectos da cultura banto, do Congo, foram captados por Godelieve e postos em prática na sua fase (**Ogum-PM**) de criação do Método GDS?

É inventando moda e vivendo para além da objetividade que, nos últimos minutos do segundo tempo, recebi um presente de Ifá – *Okanani* – que é a ideia de **Xangô (PA)** e **Exu/Eleguá**[133] **(AP)** virem de um mesmo coração. *Okanani* faz ressonância com o Método GDS, quando este apresenta duas cadeias agindo em duplicidade (PAAP), morando na mesma estrutura corporal (por exemplo: quadríceps e diafragma), mas realizando funções diferentes. As duas atuam na respiração, cadeia da inspiração (**PA**) e cadeia da expiração (**AP**), ou seja, são funções diferentes executadas pela mesma energia, axé, *Qi* do elemento fogo, de um só coração.

A próxima **Onda GDS** já começou e se dirige ao corpo forjado na diáspora e à cultura banto forjando o colonizador...

---

[132] Nei Lopes (2003, p. 74): variante de cutucar (Aurélio Buarque de Holanda).

[133] De maneira muito simplificada, Eleguá é Exu em Cuba.

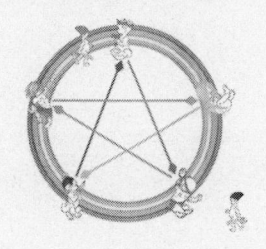

REFERÊNCIAS

BAUMAN, Z. **A Arte da Vida**. Rio de Janeiro: Jorge Zahar, 2009.

BAUMAN, Z. **O Mal-estar da Pós-modernidade**. Rio de Janeiro: Jorge Zahar, 1998.

BERTAZZO, I. **Espaço e Corpo**: guia de reeducação do movimento. São Paulo: SESC SP, 2004.

BERTAZZO, I. **Gesto orientado**: Reeducação do movimento. São Paulo: SESC SP, 2015.

BONDÍA, J. L. Notas sobre a experiência e o saber de experiência. **Revista Brasileira de Educação**, 2002. Disponível em: http://dx.doi.org/10.1590/S1413-24782002000100003. Acesso em: 3 ago. 2017.

CAMPIGNION, P. **Les chaînes musculaires et articulaires** – Méthode G.D.S: Tome 3 Les chaînes de la personnalité Les chaînes postéro-antérieures et antéro-postérieures (PA-AP), Editions Ph.

CAMPIGNION, P. **Cadeias Posteromedianas**: cadeias musculares e articulares Método GDS. São Paulo: Summus, 2015.

CAMPIGNION, P. **Cadeias Anteromedianas**: cadeias musculares e articulares Método GDS. São Paulo: Summus, 2010.

CAMPIGNION, P. **Cadeias Posterolaterais**: cadeias musculares e articulares Método GDS. São Paulo: Summus, 2009.

CAMPIGNION, P. **Cadeias Anterolaterais**: cadeias musculares e articulares Método GDS. São Paulo: Summus, 2008.

CAMPIGNION, P. **Aspectos Biomecânicos:** cadeias musculares e articulares Método GDS. São Paulo: Summus, 2003.

DENYS-STRUYF, G. La **Struturation Psychocorporelle de L'Enfant**: la vague de croissance selon la méthode G.D.S. Bruxelas: I.C.T.G.D.S., 2010.

DENYS-STRUYF, G. **Cadeias Musculares e Articulares**: o Método G.D.S. São Paulo: Summus, 1995.

ECO, U.; SEBEIK T. **O Signo de Três**. São Paulo: Perspectiva, 2004.

EVARISTO, C. Escrevivências da afro-brasilidade: história e memória. **Releitura**, Belo Horizonte, n. 23, 2008. Disponível em: http://nossaescrevivencia.blogspot.com/2012/08/escrevivencias-da-afro-brasilidade.html. Acesso em: 9 jul. 2019.

GUMBRECHT, H. U. **Produção de Presença**: o que o sentido não consegue transmitir. Rio de Janeiro: Editora PUC Rio, 2010.

KIRETAUA, T. **Explicação Básica do Kimbundu e Kikongo**, 2017. Disponível em: https://tatakiretaua.blogspot.com/. Acesso em: 9 jul. 2019.

LEMISNKI, P. **Toda Poesia**. São Paulo: Companhia das Letras, 2013.
LIGIÉRO, Z. **Corpo a Corpo**: estudos das performances brasileiras. Rio de Janeiro: Garamond, 2011.

LOPES, N. **Bantos, Malês e Identidade Negra**. Belo Horizonte: Autêntica, 2011.

LOPES, N. **Novo Dicionário Banto do Brasil**. Rio de Janeiro: Pallas, 2003.

MELGAÇO, P. **Mercedes Baptista**: a criação da identidade negra na dança. Brasília: Fundação Cultural Palmares, 2007.

MIGUET, M. A. C. C. **A Estratégia da Lemniscata e suas correlações com a Medicina Tradicional Chinesa**. Olhar GDS, 2011. Disponível em: https://drive.google.com/file/d/0B1RLsSJOu3mTdUFtemg5MGFBdGs/view. Acesso em: 9 set. 2017.

PRANDI, R. **Mitologia dos Orixás**. São Paulo: Companhia das Letras, 2001.

RODRIGUES, N. **À Sombra das Chuteiras Imortais**. São Paulo: Companhia das Letras, 1993.

ROSA, J. G. **Grande Sertão Veredas**. Rio de Janeiro: Nova Fronteira, 2001.   SANTAELLA, L. **O Que é Semiótica**. São Paulo: Brasiliense, 2012.

SIMAS, L. A. **Pedrinhas Miudinhas**: ensaios sobre ruas, aldeias e terreiros. Rio de Janeiro: Mórula Editorial, 2013.

SKIDMORE, T. E. **Preto no Branco**. São Paulo: Companhia das Letras, 2012.

SODRÉ, M. **Samba, o Dono do Corpo**. Rio de Janeiro: Mauad, 1998.

SODRÉ, M. **As Estratégias Sensíveis**: Afeto, Mídia e Política. Petrópolis: Vozes, 2006.

SODRÉ, M. **Gestos de Cuidado, Gesto de Amor**: orientações sobre o desenvolvimento do bebê. São Paulo: Summus, 2007.

TRINDADE, A. **Mapas do Corpo**: educação postural de crianças e adolescentes. São Paulo: Summus, 2016.

VALENTIN, B. **Autobiographie d'um Bipède**: les chaînes musculaires et articulaires G.D.S. Alicante: Such Serra S.A., 2007.

VERGER, P. F. **Orixás**. Corrupio: Salvador, 1981.

Sites:

ALVES, Helena. **Era uma vez... no Axé**. Disponível em: https://www.youtube.com/watch?v=mhjr8Jv1678.

AWUERÉ: portal da mídia afro. Disponível em: http://awure.jor.br/home/por-que-oya-se-transforma-em-borboleta-e-esta-associada-a-esta/.

BALÉ de Pé no Chão: a dança afro de Mercedes Baptista. Disponível em: https://www.youtube.com/watch?v=x9CMU4aayjU.

DINUCCI, Kiko. **Dança das Cabaças, filme completo**. Disponível em: https://www.youtube.com/watch?v=8Lp61NQib2M.

EVARISTO, C. Nossa EscreVivência. Disponível em: http://nossaescrevivencia.blogspot.com/2012/08/escrevivencias-da-afro-brasilidade.html.

GODOY, Arnaldo Sampaio de Moraes. **Rui Barbosa e a Polêmica Queima dos Arquivos da Escravidão**. Disponível em: https://www.geledes.org.br/rui-barbosa-e-a-polemica-queima-dos-arquivos-da-escravidao/.

LIMA, José Walter. **Um Vento Sagrado**: Pai Agenor. Disponível em: https://www.youtube.com/watch?v=xJfDOGCTfVU.

SODRÉ, Muniz. **Comunicação e Jornalismo**. Disponível em: https://www.youtube.com/watch?v=r6Vo2-0_RQs.